高等学校计算机专业系列教材

IT创新创业六讲

第 2 版

黄敏 刘孜文 陈天 孙波 陈静 编著

Six lectures on
IT Innovation and
Entrepreneurship
Second Edition

机械工业出版社
CHINA MACHINE PRESS

本书以一种由浅入深、通俗易懂的方式阐述了创新创业的基本概念以及当前社会对创新创业的要求，并对软件相关领域的创业形式和创业机会进行了分析。书中针对大学生创新创业过程中的各类问题进行了探讨，系统地介绍了如何定义创新创业、如何组建项目团队、如何根据市场和国家政策选择和策划创业项目、如何进行实践中的团队管理和项目管理，并讲解了一些成功和失败的创业例子，还提供了关于创业技巧和创业流程的内容。

本书既可以作为普通高等学校软件工程和计算机等相关专业创新创业教育通识课程的教材，也可以作为创新创业教育相关从业人员的参考资料。

图书在版编目（CIP）数据

IT 创新创业六讲 / 黄敏等编著. -- 2 版. -- 北京：机械工业出版社, 2024.8. -- （高等学校计算机专业系列教材）. -- ISBN 978-7-111-76019-1

I. F49

中国国家版本馆 CIP 数据核字第 20248QK544 号

机械工业出版社（北京市百万庄大街 22 号　邮政编码 100037）
策划编辑：郎亚妹　　　　　　责任编辑：郎亚妹
责任校对：韩佳欣　宋　安　　责任印制：郜　敏
三河市宏达印刷有限公司印刷
2024 年 8 月第 2 版第 1 次印刷
185mm×260mm・8.75 印张・202 千字
标准书号：ISBN 978-7-111-76019-1
定价：59.00 元

电话服务　　　　　　　　　网络服务
客服电话：010-88361066　　机 工 官 网：www.cmpbook.com
　　　　　010-88379833　　机 工 官 博：weibo.com/cmp1952
　　　　　010-68326294　　金　书　网：www.golden-book.com
封底无防伪标均为盗版　机工教育服务网：www.cmpedu.com

前　言

　　创新是社会进步的灵魂，创业是改善民生和推动经济社会发展的重要手段。2014年9月，时任总理李克强在夏季达沃斯论坛首次提出了"大众创业、万众创新"的概念，并且在2015年再次强调"大众创业、万众创新"的作用，他指出"双创"是推动发展的强大动力，是扩大就业的有力支撑，是发展分享经济的重要推手，是收入分配模式的创新，是促进社会公正的有效途径，并呼吁全国人民参与"大众创业、万众创新"。当前，全球新一轮科技革命和产业变革正加速进行，综合国力竞争愈加激烈，突破与创新比以往任何时候都更为重要和迫切。为此，国家提出创新驱动发展战略、"一带一路"倡议、"中国制造2025"等一系列顶层设计，发展以新技术、新产业、新业态和新模式为特征的新经济。

　　众所周知，新经济的发展是以信息技术产业为代表的，信息技术产业的发展又是以软件产业为核心的，没有信息革命的到来，就没有新经济的孕育和发展。目前，软件及信息服务产业已成为全球第一大产业，十多年来，软件行业的创新创业成绩斐然，大家有目共睹，而时代对于创新创业型软件人才的需求也变得更为迫切。

　　为助力我国的创新创业人才培养和教育工作，提升工科人才的创新创业能力，完善工科人才的"创意－创新－创业"教育体系，本书针对软件工程、计算机及相关专业的学生以及IT行业从业者，对创新创业的概念、过程和方法进行了探讨。

　　虽然创新教育和创业教育具有不同的内涵，但是两者的关系密不可分。在表现形式上，创业教育是实质的发展要求，而创新教育是外在形式，其中创新教育是创业教育的核心。创业教育是创新教育的本质，创新教育的根本目的是促进创业教育。所以说创新创业教育不是这两个方面的简单结合，而是需要两者相辅相成、互相升华。本书系统地介绍了如何定义创新创业、如何组建项目团队、如何根据市场和国家政策选择和策划创业项目、如何进行实践中的团队管理和项目管理，并讲解了一些发人深省的成功和失败的创业例子，最后还分享了一些创业技巧和大家比较少注意到的创业流程。

　　本书具有如下特色。

- 由浅入深的创新创业概念和方法阐述。本书以一种由浅入深、通俗易懂的方式阐述了创新创业的基本概念以及当前社会对创新创业的要求，并对软件相关领域的创业形式和创业机会进行了分析，通过介绍软件创业团队的创建过程、软件行业创业者所需要具备的素质，以及中国高校在创新创业教育方面的一些教学方法和实践，帮助读者对在软件领域开展创新创业有更深入的认识，也为高校培养创新创业人才提供一些参考和借鉴。
- 具有代表性的优秀软件企业创业案例。本书在介绍软件行业发展历程的基础上,精选当今优秀软件企业的成功案例,以独到的视角分析这些软件创业企业的特点、发展历程和成功经验,解读它们的创新与创业思维,探讨技术创新、商业模式创新以及企业战略的变革。相信这些案例将使软件行业的学生和从业者深受启发。
- 理论与实践相结合的创新创业指导。本书在第3章和第4章中对在软件行业开展创新创业的要素和过程进行了阐述,并通过一些具体的创业企业案例,帮助读者充分了解软件行业的创业过程,以及此过程中要用到的创新创业能力。

本书的结构如下。
- 第1章介绍了创新创业的基本概念,并对创新创业潜在的法律风险进行了分析。
- 第2章就IT创新创业的人才素养展开讨论,分别针对创新和创业应该具备的素养进行了阐述,并针对CEO这一岗位提出了特别的要求。
- 第3章讨论了IT创新创业的成功要素,还介绍了一些知名企业家的方法论供广大创业者参考。
- 第4章介绍了IT创新创业从方向选择、产品规划、产品设计、产品运营到创业计划书撰写的整个流程所需关注的知识要点。
- 第5章介绍了不同规模、不同业务类型的IT企业和创新项目的成功故事,读者可以结合自己的实际情况,从中找到可以借鉴的经验和方法。
- 第6章介绍了软件行业创新创业的时代需求,以及个人在创新创业过程中需要注意的几个关键点。

本书的部分内容是2020年广东省软科学项目(项目编号:2020A1010020041)的阶段性成果。

本书的第1~5章由华南理工大学软件学院的黄敏和刘孜文、广州云蝶科技有限公司副总裁陈天博士、中国高校创新创业孵化器联盟秘书长兼北京国教创新教育科技有限公司总裁陈静共同编著,第6章由广东外语外贸大学国际服务外包研究院的孙波编著。

本书对软件工程专业及相关领域的创新创业教育做了一些案例分析和实践探讨,因时间仓促和编著者水平有限,书中难免有一些不足之处,恳请大家提出宝贵意见,我们会在以后的修订中继续完善。

编 者

目　　录

前言

第1章　创新创业的基本概念 …………… 1
1.1　创新创业的内涵与外延 ……………… 1
1.1.1　创新的内涵与外延 ……………… 1
1.1.2　创业的内涵与外延 ……………… 2
1.2　创新与创业的差别 …………………… 3
1.3　IT与创新和创业的契合度 …………… 6
1.3.1　创新与IT ………………………… 7
1.3.2　创业与IT ………………………… 7
1.4　创新创业的法律风险 ………………… 9
1.4.1　创新创业与法律法规的潜在冲突 … 9
1.4.2　一些知名企业创业初期的困境 …… 10
小结 ……………………………………… 14
参考文献 ………………………………… 14
习题 ……………………………………… 15
调查题 …………………………………… 15

第2章　IT创新创业人才素养 ………… 16
2.1　对IT创新型人才的要求 ……………… 16
2.1.1　具备相关的基础知识 …………… 16
2.1.2　具备系统的专业知识 …………… 17
2.1.3　具备积极的创新意识 …………… 22
2.1.4　掌握专业工具 …………………… 23
2.1.5　有端正的专业态度 ……………… 29
2.2　对IT创业型人才的要求 ……………… 32
2.3　意志力的培养——是否需要自己做CEO …………………………………… 35
小结 ……………………………………… 36

参考文献 ………………………………… 37
习题 ……………………………………… 37
思考题 …………………………………… 37

第3章　IT创新创业成功要素 ………… 38
3.1　创业成功的判定 ……………………… 38
3.1.1　创业失败的定义 ………………… 39
3.1.2　创业成功的定义 ………………… 41
3.2　创业的关键要素 ……………………… 43
3.2.1　方法论 …………………………… 43
3.2.2　天时、地利、人和 ……………… 44
3.2.3　知名企业家的方法论 …………… 48
小结 ……………………………………… 52
参考文献 ………………………………… 53
习题 ……………………………………… 53
思考题 …………………………………… 53

第4章　IT创新创业过程 ……………… 54
4.1　寻找创新创业方向 …………………… 54
4.1.1　IT创新领域 ……………………… 54
4.1.2　IT创业方向 ……………………… 55
4.2　创新产品规划 ………………………… 64
4.2.1　市场机会分析 …………………… 64
4.2.2　候选方向评估 …………………… 67
4.2.3　产品发展战略 …………………… 67
4.3　创新产品设计 ………………………… 69
4.3.1　产品设计思维 …………………… 69
4.3.2　开展产品调研 …………………… 71
4.3.3　需求评估模型 …………………… 73

4.3.4 产品设计方法 …………… 76
4.4 创新产品运营 ……………… 78
　4.4.1 用户运营 ……………… 78
　4.4.2 内容运营 ……………… 79
　4.4.3 活动运营 ……………… 79
　4.4.4 数据运营 ……………… 79
4.5 撰写创业计划书 …………… 80
　4.5.1 创业计划书的撰写要点 …… 80
　4.5.2 投资人关注的问题 ………… 83
　4.5.3 创业计划书示例 …………… 85
小结 ……………………………… 94
参考文献 ………………………… 94
思考题 …………………………… 94

第5章 IT创新创业案例及分析 …… 95
5.1 科大讯飞 …………………… 95
5.2 智因未来 …………………… 98
5.3 齐悟 ………………………… 101
5.4 云蝶科技 …………………… 103
5.5 众禾智慧 …………………… 108
5.6 米哈游 ……………………… 112
小结 ……………………………… 113
思考题 …………………………… 113

第6章 时代召唤下的创新与创业 …… 114
6.1 浪潮之巅，新时代的召唤 …… 114
6.2 大胆创新，理性创业 ………… 118
6.3 终身学习，永不止步 ………… 122
6.4 以技术为核心，创新无止境 …… 126
参考文献 ………………………… 131
习题 ……………………………… 131
思考题 …………………………… 132

第 1 章 创新创业的基本概念

首先，问一个简单的问题："什么是创新？什么是创业？"可能大家会觉得这是一个耳熟能详的概念，在创新、创业已经成为一股风潮的现在，没听过"创新、创业"的人是少数，许多人对这两个词都有自己的理解。

虽然如此，但目前关于"创新、创业"这个概念尚未有统一的定义，为保证该概念在本书中的一致性，如果没有特别说明，本书都采用 1.1 节所阐述的"创新、创业"的内涵和外延，并以此为基础进行相关扩展。

1.1 创新创业的内涵与外延

1.1.1 创新的内涵与外延

"创新"一词早在《南史·后妃传上·宋世祖殷淑仪》中就曾提到，"创新"是"创立或创造新的东西，鼎新革故"。《现代汉语词典》对"创新"一词的解释是"抛开旧的，创造新的"。

然而，需要注意的是，虽然使用的是同一个名词，但本书中"创新"的概念和上述的"创新"在内涵和外延上并不完全相同。本书中采用由熊彼特[1][2]首先提出的"创新"概念，他在《经济发展理论》中认为，所谓创新就是要"建立一种新的生产函数"，即"生产要素的重新组合"，就是要把一种从来没有的关于生产要素和生产条件的"新组合"引入生产体系。

这里的创新对应的英文单词为 innovation，有别于广泛使用的 create。如果用类比的方式对这两个英文单词进行区别，则前者类似于科研过程，后者类似于科研成果的转化。以发明即时贴而闻名世界的 3M 公司的杰弗里·尼科尔森博士用两个简单的要素——"金钱"和"知识"所建立的组合关系，对"科研"和"创新"给出了更为明确的定义："科研是将金钱转换为知识的过程"，而"创新则是将知识转换为金钱的过程"。美国国家工程院院士、普林斯顿大学讲席教授李凯在引用这段话的时候进一步补充说："如果把金钱转化成金钱，就去华尔街（金融），不需要找科研人员。"这个过程如图 1-1 所示。

在以往的技术难以支撑目前常达百亿级的用户访问并发量，而银行所使用的大型机方案性价比不高的情况下，各电商巨头企业才迫切需要新的平台架构方案。所以，创新的初级阶段并不是新颖和高端的技术，重要的是有推动技术或知识向生产力转化的动力,即当前的技术和知识难以解决新出现的问题时,才促使人们对技术或者知识进行更新,也就是有创新的活动。

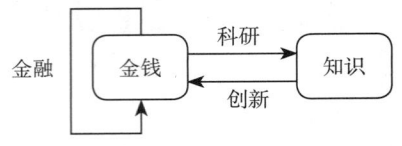

图 1-1 金钱与知识的转化

1.1.2 创业的内涵与外延

对于"创业"一词的概念,国内外的学术和工业界都有很多的讨论,本书在这里直接引用南京财经大学教授李时椿的总结[3],即"创业"本义是"创立基业""创建功业"。《辞海》中对"创业"的解释就是"创立基业"。《孟子·梁惠王下》中有"君子创业垂统,为可继也",把创建功业与一脉相承、流传后世联系起来。《现代汉语成语辞典》中对"业"有如下解释:学业、业务、工作;专业、就业、转业、事业;财产、家业等。可见,"业"的内涵极为丰富。

在英文中"创业"有两种表述方式,一是 venture,二是 entrepreneurship。venture 的最初含义是"冒险",但在企业创业领域,它的实际意义并不是单纯的"冒险",而是被赋予了"冒险创建企业",即"创业"这一新的特定内涵。venture 用于表示动词"创业",主要是在 20 世纪创业活动蓬勃兴起以后。venture 比 entrepreneurship 更能揭示"创建企业"这一动态过程。在现代企业创业领域,用 venture 来指"创业"的情况正在呈增长态势。entrepreneurship 则主要用于表示静态的"创业状态"或"创业活动",是从"企业家"和"创业者"的角度来理解"创业"。随着科技的进步和企业兴衰更替的加速,"创业活动"正发挥着越来越重要的作用,entrepreneurship 逐步被赋予"企业家活动"这一新的内涵。例如,John G. Burch 在 1986 年就已经将"创业"定义为"创建企业的活动"。

在国内,将 entrepreneurship 译为"创业""创业化""创业型"和"创业活动"可能更合适,而 entrepreneur 可译为"创业者"。本书将统一使用 entrepreneurship 这个概念,即创业指创办一个企业,以便限制范围,从而进行有针对性的讨论。一谈到创业,可能大家都会想到马化腾等国内著名的创业者,或者埃隆·马斯克、马克·扎克伯格、布莱恩·切斯基等世界知名的创业者。然而创业是一件非常艰辛和困难的事情,但大学生对创业的理解往往存在典型的幸存者偏差。

所谓的幸存者偏差是一种常见的逻辑谬误,是指人们通过各种途径收集到的各种信息,一般只是经过某种筛选产生的结果,而没有意识到信息筛选的过程,因此忽略了被筛选掉的关键信息。下面是一个经典的例子。二战期间,盟军需要在有限的预算下通过增加有限的重量加强对战机的防护。军方调查了作战后幸存的飞机,按照统计学的原理，发现弹痕多分布于飞机两翼、尾翼和机体中段。正要准备加固这些地方的装甲时，统计学家亚伯拉罕·瓦尔德（Abraham Wald）却力排众议，指出更应该注意弹痕少的部位，特别是没有弹痕的部位，如驾驶舱、油箱、发动机等，因为这些部位受到重创的战机根本没有机会返航，而这部分数据被忽略了[4]。事实证明，瓦尔德是正确的。

放到创业这个环境里，大多数人记住的都是成功创业者的名字，而很少关注创业失败的情况。

本节只对创业的外延做最简单的概述，比如，创建一家企业或者公司，然后，公司能维持下去，而对于具体事例的介绍可参见后面的章节。

1.2 创新与创业的差别

人们经常把"创新"和"创业"两个词放到一起，以至于它们快要变成一个词了。实际上，在传统的语境中，"创新"和"创业"两者的差别非常大，它们之间的关系也很复杂。

如果是单纯的"创业"，有可能并不需要"创新"，比如开一家便利店或餐馆，或者开一家贸易公司，这些都算创业，但与创新的关系不大。本书不重点讨论这种情况，并不是因为这种类型的创业太简单，恰恰相反，较低的门槛和不错的收益导致这类创业的竞争非常激烈，是"红海"中的"红海"[5]。

这里讲的"红海"和与之对应的"蓝海"，是创业界很有名的概念。其中"红海"指的是处于完全竞争状态下的市场，该市场中的主要竞争手段为价格战和低成本战略，就像在战场中拼杀，看哪一方先倒下，所以叫作"红海"。而蓝色象征和平与安宁，因此竞争不激烈或者无人竞争，甚至是没有被发现的市场空间，这样的市场被称作"蓝海"。显然，在"蓝海"中比较容易创造高额的利润，而在"红海"中的价格战和服务战会压缩利润。

下面通过"共享单车"的例子来说明"红海"和"蓝海"的区别[6]。

刚开始，创业者抓住传统公共租赁单车的几大痛点，利用先进的移动互联网技术创办了更加便捷的共享单车。共享单车有以下优点：无固定停放地点，可随用随取，用完即停，押金和使用费用直接通过微信、支付宝转账，GPS定位便于用户寻找车辆。这一市场一开始是由摩拜单车和ofo两家公司找到的，民营资本最初进入时，这一行业还是一片未知的蓝海，市场大小、盈利模式、用户认可度等都不明晰。随着资本的不断进入，行业迅速发展。绿色的出行方式不但获得了用户的认可，也得到了政府的提倡，既低碳环保又方便快捷，也缓解了城市交通的拥堵。但伴随着市场认可度的提升和资本的极力追捧，共享单车行业从蓝海时代进入红海时代。在资本的反刺激下，从2016年起，酷骑单车、小蓝单车、小白单车等近三十个品牌的共享单车蜂拥而起。共享单车仿佛还没等到春暖花开就一步跨入炎炎盛夏。正当人们为共享单车便利、环保的出行方式喝彩时，共享单车行业已由百家争鸣的春秋盛世进入了烽烟四起的战国时代。一方面，为了最大限度地抢占市场，各品牌持续增加单车数量和投放区域；另一方面，为了争夺客源，各品牌采取各种优惠策略吸引用户使用，一开始共享单车企业还以各种节日为借口提供免费单车，而后来免费几乎成为常态。没有人关注经济活动投入产出的基本规律，资本、单车、用户都疯狂置身其中，不能自拔。在"疯狂"单车的光环下，共享单车的问题也悄然而至：各地多个品牌的共享单车遭到人为破坏；单车无序停放，占据了道路、车站等公共区域，原本服务人们出行的工具变成公共交通的最大障碍；等等。当所有外部问题尽显无余的时候，各品牌企业内部也相继出现问题。看似光鲜的共享单车市场的所有商业和运营行为几乎没有盈利能力，数量不菲的押金早已被移为他用，唯一支撑市场的就是品牌背后的不断输血。但输血只是暂时的，自身造血才是长治久安的根本所在，也就是要回归商业行为的本源，要正常运营，要盈利。但似乎所有品牌都在找资本，找新鲜血液。此时的资本市场似乎也到了强弩之末，逐渐冷静下来之后，有的企业坐等观望，有的企业悄然退出，各品牌单车纷纷从门庭若市变成了门可罗雀。共享单车经济从强势出现到奄奄一息，只经历了短短几年的时间，有如海中巨浪裹挟着资本汹涌而至，而后又悄然退去，只留下一片狼藉。

通过上面的例子可以看出，绝大部分企业都希望自己在蓝海当中，即使身处红海的企业，也要想方设法找机会进入蓝海，其中的契机就是创新。因此，可以把"创新创业"进一步表述为"基于创新的创业"，这种创业与普通的创业不同，它一开始就对准蓝海市场，而不是挤进红海市场拼杀。依靠创新得到的先发优势占据市场后，等其他企业逐渐跟进使蓝海转为红海的时候，再继续创新，找到新的蓝海，从而立于不败之地。

那么"基于创新的创业"（本书后面提到的"创业"的概念都是指"基于创新的创业"）和"创新"之间的差别到底有多大呢？可以打一个简单的比方：假如创新是一台发动机，创业就是一辆汽车，虽然发动机是汽车的核心部件，但一台发动机距离一辆汽车还差一整条产业链。创新和创业的差别体现在以下几个方面。

1. 理想和现实的差别

创新很多时候只是一个想法，而创业是一种现实。下面举一个简单而有代表性的例子。当被问到理想的工作时，不少女生会回答"开一家有特色的咖啡店"或者"在云南丽江之类的地方开一家有特色的民宿"。之所以说"有特色"，是为了强调创新，没有特色的咖啡店和民宿，连讨论的必要都没有。这两种创业的类型听起来很美好，但实际上是有很大风险的，至少不属于可以轻易尝试的创业类型。原因是在那些想开咖啡店或者民宿的人的脑海中，其实没有考虑创业所需要关注的重点，与其说这些人希望通过开咖啡店来养活自己，不如说她们主要是憧憬着在午后阳光中静静地坐着品尝一杯咖啡，或者是在绚丽的自然人文风光中过上自己觉得惬意的生活。这种想法将甲方（一般是指出资方、消费者）和乙方（一般是指工作完成方、服务提供者）混为一体，既希望享受甲方的消费，又希望获得乙方的收入，这样的想法只能称为"梦想"，事实上是很难实现的。因为开一家咖啡店的实际场景是：每天需要很早起床，整理店面，打扫卫生，备好原材料，等待顾客上门；有顾客光临时，需要冲调咖啡、收费、洗杯子、打扫卫生；晚上关门的时候，需要整理店面、打扫卫生，并对今天的营业情况进行对账和统计等。由此可见，开咖啡店的实际情况并非想象的那么美好，基本上一天都在忙碌中度过，而且打扫卫生是主要工作内容。如果开的是民宿，那么工作内容可以用"一屋不扫，何以扫天下"来形容。对于这种理想和现实有较大差距的创业类型，有这类创业想法的人确实需要在迈开第一步时考虑清楚。

2. 点和面的差别

创新是点，创业是面。就创新而言，只要有一个点做出了优势和特色，那么整个创新就算是成功的。但对于创业来说，在整个创业面上有一个地方存在短板，就有可能导致整个创业的失败。创业面上的要素有很多，本书将在3.2节中进行详细讨论，这里仍然通过共享单车的例子来做简单说明。

共享单车是近几年一个非常经典的创业例子，几乎囊括了本书希望讲解的所有内容，它也是中国互联网风口的一个标志性事件和转折点。在此之前，补贴烧钱占领市场再找盈利点的模式被创业圈奉为圭臬，在此之后，整个创业圈都冷静下来，盈利模式成为逻辑链上最重要的一环。那么，共享单车的特点是什么呢？

第一，毫无疑问，共享单车是一种创新，因为它找到了生产要素的一种新组合，即公共交通"最后一公里"和互联网共享思维的结合，不仅能解决现实生活中的痛点，而且费用适中，能被群众普遍接受。

第二，这种创新转化而成的创业在初期取得了巨大的成功，跟风而动的类似模式以及相关的App数量也急速增长，在巅峰时期，全国共有几百家共享单车公司，运行的App也有很多。

第三，到了全国大范围运营阶段，各家提供共享单车服务的公司开始逐一暴露其推广能力的短板、管理的短板、资金链的短板，最后大多数公司都落了个"白茫茫大地真干净"的结局，初期风头占尽的公司全部失败，站在废墟上重建的两三家共享单车公司才最终维持了商业模式。

通过这个例子可以看到，哪怕是看起来非常成功的创新，在向创业转化的时候也不能保证成功，特别是面临运营推广、管理、资金等初创公司不擅长解决的问题时。由此可见，从创新到创业，中间隔着很长的一段路。

3. 自我和公众的差别

创新可以是一种小范围的、不为人所知的活动，这里的"自我"不一定是指一个人，也可能是一个公司、一个团队、一个组织。而创业是公众行为，必然会跟市场、政府、上下游厂商等打交道。这方面的典型例子就是特斯拉和爱迪生这两位世界公认的发明家。单以创新而言，特斯拉可以说站在了人类社会的顶端。关于爱迪生和特斯拉的故事，这里只做简略介绍。

与其说爱迪生是一个发明家，不如说他是一个成功的 CEO。他创建了鼎鼎大名的通用电气公司。如果仔细观察过波音公司的客机，会在发动机的位置看到一个蓝色的、类似草书繁体"龙"字的符号，那就是通用电气的标志，由英文花体的"GE"字符构成。爱迪生的父亲是商人，母亲是教师，他家庭条件优越，因此受到了良好的教育，并且家庭环境的影响使其有很强的商业头脑。

特斯拉出生在克罗地亚的一个塞族家庭，从小家境贫困，因此没有接受过系统的大学教育。他在 26 岁时才在一家电话公司找到工作。由于天赋很高，他在工作中很快就崭露头角，雇主于是推荐他去通用电气公司，在那里他遇到了爱迪生。当时爱迪生以发明电灯而闻名，他也是第一个想到量产与销售的人。按照本书前面的定义，这就是创新。而故事的另一位主角特斯拉所做的事可以算作广义的创新。

后来特斯拉因与爱迪生在科学理念上有分歧而离开爱迪生的公司，并成立了自己的公司。两家公司展开了"电流"大战，特斯拉力挺交流电，而爱迪生公司的大多数产品都是采用直流电。当然，交流电在远距离传输过程中的低损耗等优良特性使得它最终赢得了胜利，点亮了世界! 而作为交流电的发明人，特斯拉如果为该项发明申请专利，仅靠专利费就能成为世界首富。但特斯拉没有这样做，他毅然地将该发明免费向社会开放，自己却长年经济拮据。特斯拉的公众名望在 20 世纪 90 年代上演了"王者归来"，作为一个对人类做出过巨大贡献的工程师，特斯拉名满天下。

这里暂不对这两位名人的做法做出评价，两个人有完全相反的性格。特斯拉是一名名副其实的"极客风"创新者，"硅谷钢铁侠"埃隆·马斯克将自己的新能源汽车命名为特斯拉也是有一定原因的。而爱迪生则是传统意义上非常成功的创业者。读者通过这个例子可以仔细体会"自我"和"公众"的差别。

通过以上分析可以看出，创新与创业之间有很大的差别。IT 相关领域的从业者也可以据此大致分为创新型人才和创业型人才，这种划分虽然从科学性的角度而言有其局限性，但从公司人员招聘的角度来说，确实可以派上用场。一个 IT 相关的创业公司虽然需要创业型员工，但同时对创新型员工的需求也是不可或缺的，甚至从数量上来说比创业型员工还要多。我们会在后续章节分别对这两类人员进行讨论，帮助大家进一步理解。

1.3　IT 与创新和创业的契合度

虽然目前在各个行业和领域都有多种形式的创新与创业，但是 IT 与这两项内容有更高的契合度。本节将基于 1.1 节中对创新创业的内涵和外延的定义进行展开介绍，并说明为什么 IT 与创新创业有较好的契合度。

1.3.1 创新与 IT

在谈创新与软件工程专业的关联性和契合度之前，首先回顾一下 1.1 节关于"创新"的描述，它是指把关于生产要素和生产条件的"新组合"引入生产体系中，以实现对生产要素或生产条件的重新组合。生产要素和生产条件有很多，应该怎样寻找新组合呢？例如，如果是二元组合，算法复杂度就是 $O(n^2)$，如果是三元组合，算法复杂度就变成了 $O(n^3)$。

随着互联网的发展，计算机软件的概念已经深入人心。例如，现在很多人即使对软件一无所知，但提起 App 这个概念，都知道是指（手机上的）软件应用程序。再例如，目前"智慧城市"等概念也在互联网的推动下广为人知。互联网技术的发展为 IT 创新打下了良好的基础，IT 可以与很多专业进行"一加一"以及"一加多"的组合，获得更为广泛的创新元素。例如，IT 与医疗组合，就是智慧医疗；IT 与工厂组合，就是工业互联网；IT 与农业结合，就是智慧农业；等等。因此，在当前的互联网和人工智能时代，创新与 IT 具有很高的契合度。

为了说明这个问题，我们还可以对"创新"的概念进行延伸，"创新"在很大程度上不是指从无到有，而是把已有的东西通过重新组合和优化来产生新的事物。因此，基于此延伸的概念，借助具有广泛基础（这里的"基础"不仅指技术，还包括对该技术的认知群体）以及具有一定领先水平的 IT 优势，在相关领域中的创新，必定具有更好的创新条件。虽然同时也会有更大的竞争压力，但只要创新者具有更敏锐的视角以及更细致的设计，就不难发现 IT 行业与其他任何应用领域相结合的创新理念和产品。

这里要为本书的读者，尤其是尚未走入社会的学生澄清一个关于"创新"方面的认识误区，即在任何行业和技术领域，并不是只有提出新概念的第一个人才能算创新。实际上，在大部分行业中，做到第一是非常困难的，能做到第二乃至第十也都极具意义，即使在要求最为严格的科研的某个小领域也不应该只有一种声音。

1.3.2 创业与 IT

下面谈一谈"创业"与 IT 的契合度问题。同样，先回顾一下 1.1 节中关于"创业"的外延的最简单概述：创建一家企业或者公司，然后，公司能够维持下去。也就是说，一个人仅仅有非常好的创业想法或思路（idea）还不够，还需要创建公司，才能称为"创业"。

大家如果有机会接触不同行业的创业者，可能常常会听到一句话："就差一个程序员了。"一方面，这句话体现出当前 IT 技术与各个行业的关联性很强，无论什么类型的公司，都需要懂软件以及会开发软件的人员来完成相应的任务，即几乎所有行业都需要"程序员"这样的岗位；另一方面，这句话也反映出很多人在创业之初的准备工作中考虑得并不充分，公司真正运营起来时就会发现，即使创办的不是互联网公司，也有可能需要"程序员"这样的角色来解决公司软件系统中的各种问题。而设立"程序员"岗位，首先就有经济方面的压力摆在创业者面前，为什么呢？下面通过表 1-1 中的数据解释这个原因。表 1-1 给出了国家统计局发布的按行业分城镇非私营单位就业人员平均工资[7]。

表 1-1 按行业分城镇非私营单位就业人员平均工资（2020—2022 年）

年份	信息传输、软件和信息技术服务业就业人员平均工资 / 元	科学研究和技术服务业就业人员平均工资 / 元	金融业就业人员平均工资 / 元
2020	177 544	139 851	133 390
2021	201 506	151 776	150 843
2022	220 418	163 486	174 341

从表 1-1 中可以看出，程序员的平均工资水平较高，这就说明一个 IT 公司在创业之初，如果需要合适的"程序员"来完成相关工作，公司首先需要考虑的是人力成本。举个例子，软件行业从业人员都了解，要开发一个能上线使用的 App，即使该 App 的功能非常简单，仅仅靠一个程序员也不能完成，往往需要一个开发团队，该团队的标准配置包括一名前端开发者、一名后台开发者、一名需求分析兼界面设计者，最好再有一名系统架构师，按照目前大多数公司的基本标准，这四个人一年的人工成本大概至少需要 60 万元，这部分成本是难以省略的。当然，有一个省钱的解决办法，那就是创业者自己是计算机和软件相关专业的或者是自学成才的编程高手，能够承担项目中的编程工作，则公司成立之初在人力资源成本上的压力会小很多。

除上述人力成本之外，创业公司能正常运行，还需要以下几项成本开销。

- 办公场地租用费。为了便于公司管理及项目开发的组织和讨论，公司会为所有员工提供一个固定的办公场所，保证每个人都有自己固定的办公区域，这是提高公司运营效率的基本要求。为了让大家对办公场地的租用成本有大致了解，这里简单地举个例子。根据地理位置、环境、装修情况等，写字楼可以分为甲、乙、丙等类别，根据市场调研，2019 年一个普通的甲级写字楼在一线城市的均价每月至少 120 元 / 平方米，如果租用一个 100 平方米的写字楼，每月的场地租金至少为 14.4 万元，加上税金，一年需要 20 万元左右。

- 设备购置费。不管是哪种类型的公司，生产的产品是什么，但凡要用到软件技术来做支撑，就需要一定的软、硬件工具和设备来完成产品开发。例如，生物科技类的创业公司，可能需要大量的试剂；机械类相关的公司，可能需要 3D 打印机；电子电路相关的公司，则需要电器元件和仪器仪表设备；等等。

- 业务费和差旅费。公司的正常运营需要不断地挖掘市场需求，建立新的客户资源，同时，为保证开发的产品能够获得客户的认可，使客户满意，并由此建立长期的合作关系，开发者也需要经常与客户沟通产品设计和开发的细节，这就需要相应的业务费和差旅开销。

首先关于办公场地，作为IT从业人员，熟练使用各种网络交流工具是基本技能，所以虽然居家办公（SOHO）存在各种问题，在前期资金紧张时也不是不能考虑。其次是设备，IT行业的生产力工具可能是一个多核CPU的主机、可以竖屏的显示器或者笔记本计算机，而对于从业人员来说，这些都可以自带，无须公司统一配备。最后是差旅，同样，只要客户或者投资人熟练掌握了网络交流工具，就能够最大限度地减少出差的次数。

由此可见，IT与"创业"的契合度也是非常高的。尤其是对于具有相关专业教育背景的创业者来说，创办一家IT行业的公司并没有太高的门槛，而重点要关注的是如何让初创公司能够维持下去并获得稳定发展。

如果能按上述方法较好地控制公司的日常成本，那么公司维持下去的可能性将大大增加，这也是IT和创业之间契合度的体现。

1.4 创新创业的法律风险

在进一步介绍其他内容之前，我们需要在本书一开始就明确地告知读者创新创业具备高风险性，而且这种风险或许是远远超出大众的认知的。假如作为教材使用，本节也可以作为教材的思政内容，对创新创业的风险评估也是对当前时代精神的一个了解过程。

风险本身也是分层级的，失去信誉、资金亏损等风险固然比较严重，并常常被大众认为是创业中最大的风险，但如果按照马斯洛的层次需求理论，这些属于上层风险。上层风险的意思是，出现了这种风险，承担它的后果尚且可以接受。事实上底层风险比上层风险要严重得多，只不过人们往往没有投入多少注意力或者凭借本能就绕过了它们，这类风险就是法律相关的风险。而风险的来源是由法律的特殊属性和创新的特殊属性两个因素共同决定的，属于本质的矛盾很难完全避免，所以创新创业首先需要考虑这方面的问题。

1.4.1 创新创业与法律法规的潜在冲突

创新创业为什么会和法律法规有潜在的冲突？我们可以从法律的定义和特征开始阐述。

法的本质是统治阶级实现阶级统治的工具。具体说，是指国家按照统治阶级的利益制定或认可，并以国家强制力保证其实施的行为规范的总和。法是一种历史现象，随着私有制、阶级、国家的产生而产生，到了共产主义社会，私有制、阶级、国家消亡的时候，法也就随之消亡[8]。

法律具备很多特征，我们在这里不做专业的展开介绍，粗略地说，法律是一种概括、普遍、严谨的行为规范，带有严谨性、稳定性、确定性。不过很容易知道，法律会有一定的滞后性。因为每一部法律的制定都需要经过草案提出、审议、表决与通过、公布等程序，是一个漫长的过程。而当法律制定好之后，不能随意改动，如果确实需要变更,又需要重新走一遍前面提到的流程。

再回头来看创新创业这件事情的属性,我们之前说过,创新就是要把一种从来没有的关于生产要素和生产条件的"新组合"引进生产体系中,以实现对生产要素或生产条件的重新组合。在这个过程当中,很容易会出现新事物、新概念,它们在以前的生产生活当中可能根本没有出现过,或者即使出现过,也属于小概率事件,远远没有得到社会各界的重视。在这种情况下,有很大的可能在原有的法律法规中没有涉及相关的内容,或者涉及得非常少,没有明确的禁止或者鼓励。

如果不考虑创新的因素,那么我们可以说现阶段我国的法律法规已经比较完善并仍在一步步完善当中。加入创新因素之后,事情有了变化。创新带来的新概念、新事物,在已有的法律条文中没有涉及或者很少涉及,有时候对现有法律进行拓展解读也无法做出判断,或者在短时间内难以做出令人信服的判断,那么这个创新事物就进入了一个不确定是否违法的灰色地带。创业者在灰色地带游走即我们讨论的法律困境。在这里,我们可以参考一些知名企业在创业初期的法律困境。

1.4.2　一些知名企业创业初期的困境

本节选取的企业如今都已经成为行业中具有代表性的企业,但是在创业初期,它们面临的困境远比一般企业严重。

1. 阿里巴巴

阿里巴巴是中国电子商务的代表企业,对整个中国电商企业起到了很好的引领作用。电子商务的核心问题在于,如何同时保障买卖双方的权益,这里涉及以下几个问题。

首先是"先付款还是先发货"的问题。在传统的商品买卖过程中,交易是当面发生的,交易完成,钱货两讫,即付款与交货同时发生,几乎不会发生谁先谁后的问题。但是在电子商务环境当中,交易是在网络上发生的,而网络模糊了空间的距离,买家与实际商品之间的距离可能有几百甚至几千千米,当时物流有十五天左右的延时是非常正常的。那么当一位买家在购买商品时,他是应该先付款并等待物流将商品送到还是等商品送到再进行付款呢?如果先付款,但是商家不发货怎么办?要知道网络诈骗即使在今天也无法完全杜绝。同理,如果是商家先发货,但买家收到货后不付款,那么商家的权益就遭受了损失。

其次,商家为了销售,肯定会对商品进行"适度"宣传,网络上精美的图片与买家实际收到的货物有所区别几乎是必然的。这种情况也与传统的商品买卖不同,在传统的面对面交易中,如果买家对货物不满意,交易就不会发生,交易发生后又反悔的状况在法律法规中是有着较为明确的判定的,一般而言,确认交易后除非一方有明显的过错,否则交易本身是受到保护的。而网上购物由于收货的延时,不适合用当时的法律对交易进行明确判定。

由于网络缩短了空间距离，电子商务在起步阶段存在各种各样的困难，那么阿里巴巴当时是怎么解决这些问题的呢？其核心方法就是构建支付宝体系。

支付宝体系借鉴了银行保理业务的精髓。在传统交易当中也存在运输问题，尤其是跨洋的海运交易，此时用一笔资金来抵抗风险即依赖第三方介入交易，买方和卖方都与第三方进行结算，第三方提供资金（以贷款或者其他方式）给卖方，取得货物，再将货物运输并交予买方，买方付账。支付宝的原理也是如此，网购的买家在购买的时候直接付款，但是付款的对象并不是卖家，而是支付宝，等商品运送到买家手上的时候，支付宝才会将货款交予卖家。如图1-2所示为交易方式的变更，数字表示步骤的顺序。

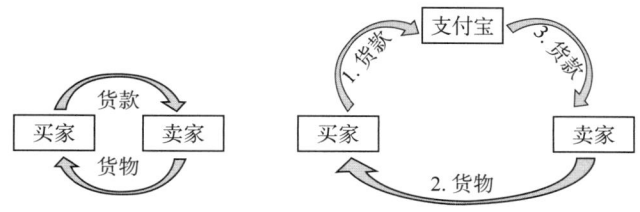

图1-2 交易方式的变更

支付宝是非常好的创新，因为当时没有机构明确地做这项业务。银行不做是因为在传统意义上，保理业务需要非常大的金额，一般而言几百上千万的交易才会用到保理业务，而平时网购的物品可能价值只有十几元甚至几元钱。支付宝的出现为网购提供了很好的保障，随着支付宝和电子商务网站的逐步完善，网购中的其他问题也慢慢被解决。

但是支付宝诞生之后，很快就面临着极大的法律风险。参考图1-2，买家付款后，资金就到了支付宝的账户上，而卖家真正收到货款的时间在买家收到货物之后，这段时间在当时大概是7～14天，其间支付宝平台上不断有新的买家和新的卖家，买家不断付款，支付宝不断向卖家付款，这就形成了一个7～14天的资金池。

如图1-3所示，我们容易得到结论，资金池的大小约为卖家收钱与买家付钱的平均天数差t（图1-3中是7天）与每天平均资金的数额s的乘积，即资金池$S=t\times s$。那么这个S到底是多少呢？数据显示，2003年10月18日，淘宝网首次推出支付宝服务。2005—2012年的年交易额分别是80亿元、169亿元、433亿元、999.6亿元、2083亿元、4000亿元、6321亿元、10 007亿元。我们取2011年的数据，即6321亿元，t仍然取7天，$s=6321/365=17.3$亿元，即资金池$S=17.3\times 7=121.1$亿元。

之所以拿2011年的数据进行分析，是因为支付宝在2011年才获得央行颁发的国内第一张《支付业务许可证》（业内又称"支付牌照"）。换句话说，2011年以前，支付宝是没有银行业相关牌照的。这就存在一定的法律风险。

2. 某知名网约车公司

网约车不长的历史可以说是中国互联网OMO（线上到线下服务）商战的缩影，关于

OMO 的内容，我们会在后续的章节中详细描述，这里仅仅讨论其商业模式的法律风险。

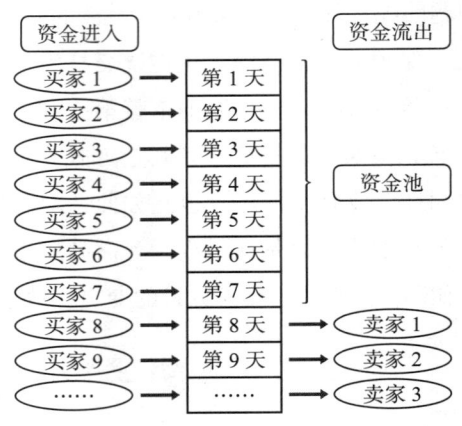

图 1-3　支付宝资金池的形成

网约车是对出租车系统的一种创新。以往我们打车时，需要在路边等待随机的一辆出租车路过，根据城市大小、道路多少、投放出租车数量以及当前所在位置，我们大概可以得到一个在一定时长内打到车的概率 p。概率 p 的大小一方面代表了群众对打车服务的满意度，另一方面也代表着资源对这块服务的投入程度。如果再仔细分析，我们会发现 p 在空间上和时间上有几个特征：首先，从空间上说，p 在整个城市的分布是不平衡的，尤其是在大学城、新城区等相对而言人口密度比较低的地方，p 会显著小于闹市区；其次，p 在时间上是动态的，即使是同一片区域，上下班高峰期和其他时间也不一样。基于 p 的这些特征，通过全局计算并进行调度是一件几乎不可能的事情。所以该公司的网约车模式采用了另一种方式，即按需进行调度。用户通过手机上的软件和定位系统发出订单，指明自己的当前位置和想去的地点。

这种方式其实有两个作用。首先，调度的车辆不仅局限于出租车，还包括一些私家车（事实上，在刚开始的时候所有的网约车软件都只面向私家车），这就增加了投放出租车的数量，从而能够显著提升 p 的值。其次，调度方式从随机调度（也就是不进行干预）改为按需调度，从而也能改变 p 值。这里需要引入一个新参数，乘客在一定时间内能以概率 p 打到车，我们也可以假设出租车在规定的时间内会以概率 q 接到乘客从而使自己处于载客状态，那么 q 的值越大，就会有越多人打到车。按需调度会改变 q 的值（无论哪种调度算法，都倾向于调度当前不处于载客状态的车），而 q 的值升高，从总体来看，就意味着总体载客量上升，同时意味着乘客打到车的概率 p 上升。

这个创新的法律风险在哪里呢？要完成这个项目，需要一个组织（公司）来执行，这家公司的资金支出包括软件开发、宣传、让利吸引司机等，而稳定收入最终主要来源于乘客的付费抽成，引入互联网模式后可能还会有一些由流量产生的广告收入，但前者将会是主要部分。那么这家公司就符合法律对于一家出租车运营公司的定义，但这类公司并没有出租车公司的运营牌照,参与公司调度的车辆并不是运营车辆却执行了运营的业务,车辆持有人(司机)也并没有经过出租车司机的培训。可能很多人对各种行业中的牌照不甚了解,在我国,如果一个行业有准入门槛,一般都说明这个行业有潜在的需要保护的弱势对象,在一切顺利的情况下,这类弱势对象可能并没有体会,一旦出事,这种保护机制就会开始运行起来。

例如,2018年浙江一女性乘网约车遇害案引发了社会的讨论。网约车平台是否需要对该事件承担责任?如果放到传统的语境当中,某人打出租车导致遇害,出租车公司肯定是要承担责任的,这是在运营过程当中发生的伤害,法律上有严格的规定,事实上出租车公司每年都需要交比一般车辆更高额的保险,保险中的一部分就是为乘客提供的。

为了规避法律风险,该公司一开始都不把自己的功能说成是打车,而是顺风车,顺风车在法律上的界定是比较模糊的,所以打车软件一直处于法律模糊地带,直到2016年7月,交通运输部联合公安部等七部门公布《关于深化改革推进出租汽车行业健康发展的指导意见》和《网络预约出租汽车经营服务管理暂行办法》,才将这类软件纳入国家正式的管理办法。

3. 拼多多

在中国众多的电商平台中,拼多多可谓一股"泥石流"。2015年拼多多成立的时候,可能有很多人会问,既然有了淘宝,有了天猫,有了京东,还需要拼多多干什么?这家电商平台能成长起来吗?毕竟连腾讯的电商平台都没能获得成功。如今已经不需要回答这个问题了,无论你怎么看待拼多多,都不影响它9亿左右的用户量。

网络上有太多关于拼多多的成功的讨论,各种专家、学者、投资人、分析师等都有自己的看法,我们在这里也谈谈个人观点。

首先是客户群体,在电商平台来看,客户群体可以分为两类——买家和卖家,都是平台的服务对象。对于大城市的人而言,京东、淘宝几乎覆盖了网购的方方面面,但是对于农村、小县城的居民,尤其是交通没有那么方便的地区的人们而言,网购的品类和数量都远落后于大城市。这还仅指买家,换个角度,交通欠发达地区的卖家遇到的问题可能更严重。具备这样特征的买家和卖家,构成了拼多多客户的基本盘。这是拼多多创立时与淘宝和京东最大的区别。网络上有不少人调侃说拼多多的用户都住在十八线城市,甚至拼多多的创始人黄峥自己也说:"我们的核心就是五环内的人理解不了"。所以在客户群体的竞争上,拼多多与京东、淘宝形成了错位——对价格非常敏感的买家和对成本控制非常严格的卖家。

其次是渠道,笼统地讲,渠道是商业中非常重要的概念。例如,商品要从生产厂家到达消费者手中,往往不是生产厂家直接送货,而是通过经销商(可能会有多级)完成,那么经销商就是经典的渠道。渠道的意义在于,工厂的主要任务是生产,销售是另一项任务，而且中国这么大，针对各地不同的情况制定不同的销售策略通常比较复杂，可能厂商衡量过后觉得自建渠道的代价太大，就会考虑与已有的渠道合作。电商网站可被视作渠道的一种，所以笼统地说，京东、淘宝和拼多多都是渠道，但问题是，商品信息和采购可以通过网络数据传输，商品本身（除数字商品之外）无法通过线上网络直接抵达消费者。所以在这个意义上说，物流也是渠道的一种。如前文所述，大城市的物流经过多年的建设已经比较完善，但是农村和小县城的物流，是需要实地考察并派人一个一个地方去跑的，由于人口密度的影响，这种行动的性价比非常低。真正的下沉市场渠道的王者是步步高的老板段永平，他同时也是OPPO、VIVO等手机品牌的背后老板。OPPO、VIVO手机在中国市场的份额在很大比例上都是由下沉市场提供的。拼多多的创始人黄峥也是段永平的得意弟子，因此拼多多共享了这一非常关键的渠道。

拼多多的特性带来了法律风险。在拼多多获得了极多用户的同时，平台上销售的产品质量也广受诟病，"安全下车"的说法经常流传于拼多多的用户当中，大概意思是在拼多多上买了一件相对价值较高且比其他平台价格便宜不少的产品，最后发现买的东西没问题。这里我再引用一下我国刑法第一百四十条"生产、销售伪劣产品罪"，即生产者、销售者在产品中掺杂、掺假，以假充真，以次充好或者以不合格产品冒充合格产品，销售金额二百万元以上的，处十五年有期徒刑或者无期徒刑，并处销售金额百分之五十以上二倍以下罚金或者没收财产。再联想一下拼多多经常进行的"百亿补贴"，读者可以自行判断拼多多的法律风险。

小结

本章介绍了创新、创业的基本概念，创新与创业的差别，以及IT行业与创新创业的契合度，力求让读者对创新创业有全景式的把握，同时也对本书将要讨论的范围和方向定下一个基调。本书将在明确了这些创新创业的概念和特征的基础上进行各个方向的展开。本章特别就创新创业会遇到的最大风险——法律风险进行了阐述，分析其形成的原因、表现形式、严重后果。希望每个怀揣创新创业梦想的人都能常常提醒自己，多从法律法规的角度审视自己的项目，脚踏实地将梦想变为现实。

参考文献

[1] 李乾文. 熊彼特的创新创业思想、传播及其评述 [J]. 科学学与科学技术管理，2005.
[2] 德鲁克. 创新与创业精神 [M]. 张炜，译. 上海：上海人民出版社，2002.
[3] 李时椿，刘冠. 关于创业与创新的内涵、比较与集成融合研究 [J]. 经济管理，2007（16）：76-80.
[4] 卢映西，宋梦瑶. 经济学研究要注意避免幸存者偏差因素的影响——以企业绩效和利润率下

降规律研究为例 [J]. 当代经济研究，2020（6）：73-80.
[5] 金，莫博涅. 蓝海战略：超越产业竞争 开创全新市场 [M]. 吉宓，译. 北京：商务印书馆，2016.
[6] 庄双博. 共享单车：从蓝海跳进红海 [J]. 中国民商，2017（4）：54-59.
[7] 中华人民共和国国家统计局. 按行业分城镇非私营单位就业人员平均工资 [EB/OL].[2024-01-20]http://www.stats.gov.cn/sj/ndsj/2022/indexch.htm.
[8] 马克思，恩格斯. 马克思恩格斯全集 [M]. 中共中央马克思恩格斯列宁斯大林著作编译局，译. 北京：人民出版社，1972.

习题

1. "创新"一词的中文词源在哪里？"创新"在本书中是怎样定义的？
2. 试述创新与科研的区别与联系。
3. 图 1-1 中描述了知识与金钱的关系，细心的读者可能会发现，图中缺少了知识到知识的连线，那么知识到知识的连线究竟是什么？
4. "创业"的中文词源在哪里？"创业"在本书中的定义是什么？
5. 如何理解"IT 产业与其他行业的结合正在变得越来越紧密"？软件工程在这个过程中能发挥怎样的创新作用？
6. 什么是幸存者偏差？幸存者偏差是如何影响大众对创业的理解的？
7. 如何理解创业市场上的一句经典台词——就差一个程序员了？创业团队中差一个程序员对整个创业项目的影响体现在哪里？程序员在创业公司中到底是重要还是不重要？
8. 创办一个企业的一般性开销主要体现在哪些方面？IT 相关专业毕业生在这些开销中可能会具备哪些优势？
9. 某创业项目是漫画网站，主要以存储各种漫画资源的索引链接为主，如何评估风险？
10. 某创业项目是恋爱网站，希望解决在校学生想谈恋爱但是缺乏社交沟通能力的问题，如何评估风险？

调查题

1. 调查周边有真实创业经历的人群，按照"概率论"课程中讲述的标准采样方法，计算出周围创业人群成功率的 95% 置信区间。
2. 调查周边有出国经历的人群，对比国内和国外（尤其是发达国家）使用 App 的感受，评估中国互联网产业在全球的实际水平，并研判当前我国整体互联网水平对创业的影响。

第 2 章　IT 创新创业人才素养

第 1 章中给出了创新和创业的基本概念，以及可能存在的法律风险，接下来，本章将对 IT 创新型人才和 IT 创业型人才应具备的素养进行介绍。这里包括几个方面的问题，例如：创新和创业对人的素养有哪些具体要求？我们希望自己成为什么样的人才？应该怎样有针对性地去进行锻炼？通过本章内容的学习，希望读者可以判断什么才是适合自己的有效创新创业路径。

2.1　对 IT 创新型人才的要求

我们在第 1 章讨论了创新和创业的区别，本节将讨论对 IT 创新型人才和 IT 创业型人才的不同素养要求。

所谓 IT 创新型人才，是指具有一定的专业基础知识和程序开发能力，能出色地完成各种具有不同需求的程序开发任务的程序员，他们与"众包"、freelancer 等从业者是有区别的。"众包"指的是一个公司或机构把过去由员工执行的工作任务，以自由自愿的形式外包给非特定的（而且通常是大型的）大众志愿者的做法。而 freelancer 指的是自由从业人员，以从事 IT 行业的人员居多。

互联网的飞速发展给程序员带来更多的就业机会，同时相应提高了对程序员的要求。如果程序员没有系统的专业基础知识以及一定的程序开发能力，在软件行业竞争日益激烈的当下，会随时面临被淘汰的结局，这也是本书作者不建议非 IT 行业人员转入 IT 行业的原因。那么现在的创新型程序员到底需要满足怎样的条件或者要求呢？下面给出若干标准作为必要条件。

2.1.1　具备相关的基础知识

这里的基础知识包括数学、物理、化学等自然科学知识，政治学、经济学等社会科学知识以及历史学、哲学等人文科学知识，如图 2-1 所示。这些知识可以从高中和大学的通识教育中获得。学习这些知识的目的是掌握一些常识，而常识往往是经过长期的知识积累和训练得到的。常识的重要性在于，它可以作为人与人之间沟通的基准线，使得大家对常规事物形成一致的认识，从而能够相互理解。

现在的 IT 项目往往需要几个、十几个甚至几十个人合作完成，每一个 IT 人员必须具有与他人进行良好沟通的能力，前提条件就是大家必须能够对一些普遍意义上的知识有相同的认知,这样才能对很多事情达成一致的看法。如果一个人对很多一般性的常识不了解,那么他就难以胜任 IT 工作。

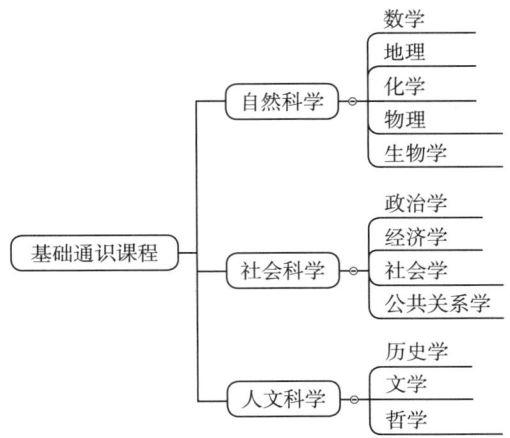

图 2-1 创新创业相关的基础通识课程

2.1.2 具备系统的专业知识

专业知识一般包括高等数学、线性代数、操作系统、数据结构、计算机网络等内容,这些知识往往可以通过接受高等教育来获得,如果由于各种因素没有机会上大学,也可以通过自学来完成。下面简单介绍主要专业知识及其作用,以说明为什么要学习这些课程。

1. 高等数学

提到高等数学,很多学生可能会有种说不出的复杂感情,虽然知道这门课程既重要又难学,但却不知道学了以后如何应用。那么高等数学的知识到底有什么用处呢?

首先,初等数学是对世界进行简化后的描述,而高等数学则可以描述更为现实的世界,譬如,现实中不存在一条严格意义上的直线,也不存在严格意义上的圆等类似几何抽象。可以说,如果需要解决现实世界中稍微复杂的问题,往往会用到高等数学的相关知识。尤其是程序员,如果没有学好"高等数学"这门课程,那么就很难胜任与算法相关的软件开发工作。目前大家普遍感兴趣的人工智能、大数据、机器学习等都涉及复杂的数学计算方法和数学公式,例如近年来应用非常广泛的卷积神经网络,它的一个有监督学习的公式[1]如式(2-1)所示,公式中用到的偏微分方程对于很多人来说是很难理解的。

$$\frac{\partial}{\partial W_{ij}^{(l)}} J(W,b) = \left[\frac{1}{m}\sum_{i=1}^{m}\frac{\partial}{\partial W_{ij}^{(l)}} J(W,b;x^{(i)},y^{(i)})\right] + \lambda W_{ij}^{(l)} \qquad (2-1)$$

由于篇幅所限,其他类似的例子这里不再赘述,可以用一句话来总结高等数学与程序员的关系:是否很好地掌握了高等数学知识,决定了程序员能否很好地解决问题。

2. 线性代数

线性代数看起来是一门古老的学科,因此很多学生到毕业时也不明白为什么要学习这门课程。但提到其中的一个术语——矩阵(Matrix),大家会觉得既熟悉又有"档次",电影《黑客帝国》的英文名就叫作 The Matrix,其背景是未来世界,人们可以生活在计算机运算出来的虚拟世界中。电影的名字之所以叫作 The Matrix,是因为矩阵是计算机的代表。而线性代数又是一门研究矩阵的学科,由此可见线性代数对于程序员的重要性。

为了更具体地说明线性代数知识的作用,先讨论计算机和人类的差异。虽然随着人工智能技术的发展,计算机在"思考问题"方面的能力已经越来越向人类靠拢,但是目前还是可以很明确地区分两者的差别。首先,人脑是通过一个个的神经元来实现基本的计算、存储、信息传递等功能的,它是由大量的神经元组成的一个分布式系统。而计算机一般采用冯·诺依曼的体系结构,在它的组成结构中相对严格地区分了计算、存储等功能单元。可以笼统地认为,人脑更适合做联想的、需要"灵感"的工作,而计算机则更适合做枯燥的、繁重的计算类工作。两类工作最大的差异就是矩阵计算,也就是维度的差异。人类所处的世界决定了人的认知能力适合解决四维空间(三维空间加上时间轴)上的问题,如果读者对此有疑惑,可以参考一个科普类视频——从零维到十维空间[2],想要深入了解的读者可以阅读丘成桐先生关于高维空间的数学推导的著作[3]。对于绝大部分人而言,涉及高维空间的问题都是非常复杂的。而计算机与人类不同,它在处理高维数据方面却"得心应手"。目前,一个稍微复杂的软件系统所用到的数据库系统包含的数据基本上都是几十维的,图 2-2 给出了一个简单的示例。

姓名	性别	学号	班级	宿舍	成绩	…
张三						
李四						
王五						

图 2-2 数据库示例

在上面的数据库表中,列就是维度,省略号表示没有显示出来的维度。计算机在处理这类高维运算时都采用矩阵计算的方式,因此可以说,矩阵从某种意义上代表基于计算机的计算。

此外,在计算机应用的另一个重要领域——图像处理中,矩阵更是发挥着不可替代的作用。图像往往都需要采用卷积的方式来处理,卷积的公式一般如下:

$$\int_{-\infty}^{\infty} f(\tau)g(x-\tau)d\tau \qquad (2-2)$$

上述公式是在连续域内的,如果在离散域,就变为如下所示的公式。

$$y(n) = \sum_{i=-\infty}^{\infty} x(i)h(n-i) = x(n)*h(n) \qquad (2-3)$$

其中"*"表示卷积。

上面的公式并不难懂，学过线性代数的读者都会觉得有些熟悉，它就是线性代数里最常用到的矩阵相乘。例如，矩阵运算 $C=A \times B$ 的展开如式（2-4）所示。

$$\begin{pmatrix} c_{11} & \cdots & c_{1n} \\ c_{21} & \cdots & c_{2n} \\ \vdots & & \vdots \\ c_{n1} & \cdots & c_{nn} \end{pmatrix} = \begin{pmatrix} a_{11} & \cdots & a_{1n} \\ a_{21} & \cdots & a_{2n} \\ \vdots & & \vdots \\ a_{n1} & \cdots & a_{nn} \end{pmatrix} \times \begin{pmatrix} b_{11} & \cdots & b_{1n} \\ b_{21} & \cdots & b_{2n} \\ \vdots & & \vdots \\ b_{n1} & \cdots & b_{nn} \end{pmatrix} \quad (2\text{-}4)$$

其中 $c_{11}=a_{11}b_{11}+a_{12}b_{21}+\cdots+a_{1n}b_{n1}=\sum_{i=1}^{n}a_{1i}b_{i1}$，与上面的卷积公式类似。更具体地说，我们一般使用模板来处理图像，而模板用的就是矩阵方块，其数学含义是一种卷积运算。当然，实际处理图像的时候不能完全套用上面的矩阵相乘公式，而是使用卷积核的公式。

可以将卷积运算看作加权求和的过程，使用的图像区域中的每个像素分别与卷积核（权矩阵）中的每个元素对应相乘，所有乘积之和作为区域中心像素的新值。卷积核是卷积时使用的权，用一个矩阵表示，该矩阵是一个权矩阵。

例如，一个 3×3 的像素区域 R 与卷积核 G 的卷积运算如下：

$$r_5（中心像素）=r_1g_1+r_2g_2+r_3g_3+\cdots+r_9g_9$$

其中 R 和 G 分别表示如下矩阵：

$$R = \begin{pmatrix} r_1 & r_2 & r_3 \\ r_4 & r_5 & r_6 \\ r_7 & r_8 & r_9 \end{pmatrix} \quad G = \begin{pmatrix} g_1 & g_2 & g_3 \\ g_4 & g_5 & g_6 \\ g_7 & g_8 & g_9 \end{pmatrix}$$

下面再举两个简单的例子，一个是图像处理中的噪点去除，另一个是寻找边界。通俗地说，这两个方法就是 Photoshop 软件中的皮肤光滑处理（譬如去掉脸上的青春痘和斑点）和抠图（即把人从背景里面抠出来）处理，在图像处理方法中分别对应低通滤波和高通滤波。

低通滤波常用的简单模板如下式所示：

$$\frac{1}{9}\begin{pmatrix} 1 & 1 & 1 \\ 1 & 1 & 1 \\ 1 & 1 & 1 \end{pmatrix} \quad (2\text{-}5)$$

这个模板很好理解，表示一幅图像中心点的值等于周围点的平均值，换句话说，如果一张脸上有青春痘，则这个点皮肤颜色的值跟周围皮肤颜色的值相差较远，可以用周围的皮肤颜色盖住这个点。

高通滤波常用的简单模板如下式所示：

$$\begin{pmatrix} -1 & -1 & -1 \\ -1 & 9 & -1 \\ -1 & -1 & -1 \end{pmatrix} \quad (2\text{-}6)$$

上述公式依然非常好理解，即使得中心点的值与周围形成强烈反差。如果一个人像旁边是背景，则图中人与背景之间会形成一条天然的线，线的两端颜色差异很大，通过高通滤波的矩阵运算加大两端的颜色差异，使中间值越发突出，从而可以把这条线加重描出来，形成"抠图"效果。

3. "计算机体系结构"与"操作系统"

"计算机体系结构"（或"计算机组成原理"）和"操作系统"这两门课程可以让学生更好地理解计算机。先举一个简单的例子，目前，主流的个人计算机上安装的操作系统都采用多任务的模式，用户在写文档的同时可以听音乐、看视频等。但是在学习"计算机体系结构"这门课程时会了解到，单核计算机系统在同一时间内只能处理一条指令，那么在普通的单核计算机中，操作系统是如何实现多任务的呢？通过"操作系统"这门课程能够发现，计算机是通过多进程和进程切换完成多个任务的，那么这种用户感觉上的"多任务"是如何实现的呢？这里便涉及一个基本概念，即计算机的运算速度。

人们在日常生活中很难接触到真正很"大"的数字，之所以提出这个问题，是因为作为机器的计算机跟人类是有巨大差异的，最明显的表现是人类的直觉与计算机的计算能力之间的差距。譬如，截至 2020 年，计算机的单核运算能力已经突破了 4GHz，也就是每秒大约能执行 40 亿次简单的加减运算，而制造工艺方面已经达到 7nm 的级别，即指甲大小的 CPU 核上能放几十亿个晶体管。而与此同时，人类的感官知觉是什么水平呢？

首先来描述一下人类对于时间的感官知觉。以电影或电视的播放频率为例，如果每秒大于 25 帧，也就是说每秒放映 25 张以上连续的图片，人类就会认为这是一段连续的视频，而播放频率低于 25 帧就会产生所谓的"掉帧"，即人类会感觉出现类似幻灯片的效果，觉得不能接受。

其次可以以微雕为例来描述人类对于空间的感觉。微雕是一种民间艺术，人的肉眼可以在某种硬质物体上雕刻出头发丝粗细的纹路。发丝是人类对空间的感知极限，其直径一般为 0.04～0.4mm，但这也与芯片技术差了 4 个数量级。

下面再讨论一下处理重复性事务的速度。人类职业电竞玩家的操作速度最快可以达到 300APM（Actions Per Minute），即每分钟 300 次操作，也就是每秒 5 次操作，一年的时间里能处理相同事务的数量为 $300 \times 60 \times 24 \times 365 \approx 1.6$ 亿次，但与计算机系统中 CPU 的处理速度（每秒 40 亿次）相比，计算机每秒能处理的事务数量相当于一个人 20 多年才能处理的事务数量。

通过以上例子可以了解，计算机通过进程调度处理多任务切换虽然会耗费时间，但这种切换所需要的时间人类根本体会不到，这就使人类感觉计算机系统可以同时执行多个任务。

因此，类似"计算机体系结构"和"操作系统"这样的专业基础课程，能帮助读者建立正确的"计算机观"，从而能从计算机的角度来认识世界、理解世界以及运算世界。

4. 计算机网络

目前,计算机网络对整个世界的影响已经大到无可比拟的程度,很多人是通过计算机网络才第一次接触计算机,尤其在中国,这种情况更为普遍。由于各种OMO(线上到线下)网络应用程序的蓬勃发展,使得上至七八十岁的老人、下至不到十岁的小学生,都知道什么是App。绝大多数软件行业的创新创业都离不开计算机网络。

虽然大家都知道"计算机网络"这门课程的重要性,但真正掌握它并不容易,因为计算机网络是一门典型的"易学难精"的课程,甚至连"易学"都称不上。计算机网络有种类繁多的复杂协议,有各种位于不同地点的硬件设备,有层出不穷以至于无法统计的各类应用,有随时更新的各种框架,更重要的是,该研究和应用领域有最多的创新创业人才。因此这个行业的发展最为迅速,行业整体增长最快,收入提升最多,反过来又吸引了更多的顶尖人才,从而形成了一个良性循环,不断促进该领域的发展壮大。因此对于新手,该知识领域的友好度是很低的。

那么大家在学习这门课程时需要注意哪些内容才能把握计算机网络在急剧发展变化中的核心和"不变量"呢?如果抛开计算机网络相关技术中的各种细节,简单地说,除网络结构、分层模型、各层的主要功能及关键协议之外,还需要关注计算机网络的几个性能要素,即速率、带宽、时延、吞吐量、丢包率等,这些要素之间相互联系,成为计算机网络技术发展变化的关键点。在设计一个计算机网络相关的系统时,需要综合考虑以上的基本条件,然后加入并发量、响应时延,甚至I/O(输入/输出)等因素,由此一步步叠加就构成了复杂的计算机网络系统。

由于篇幅所限,表2-1对专业基础课程进行简单的回顾,本节不再对其他软件工程相关的专业基础课程进行一一介绍。总而言之,目前具有计算机和软件工程及相关专业的高校都开设了以上的专业基础课程,它们所涵盖的知识领域构成了程序员的基本知识架构,并且在行业发展变化中与时俱进,不断更新相关课程的知识内容,紧跟最新技术的发展步伐。因此,对于程序员来说,掌握这些知识是今后进行软件开发工作的重要基础,也是开展创新创业的前提。

表2-1 专业基础课程及其作用

专业基础课程	作用
高等数学	描述更为现实的世界,需要解决现实世界中稍微复杂的问题时,往往都会用到高等数学的相关知识,它决定了程序员解决问题时所能达到的高度
线性代数	矩阵是计算机的代表,专门处理多维度的问题,而线性代数又是一门研究矩阵的学科,学习它是为了更深刻地理解计算
计算机体系结构与操作系统	计算机的专业基础课程,能帮助学生建立正确的"计算机观",从而能使其从计算机的角度来认识世界、理解世界以及运算世界
计算机网络	计算机网络对整个世界的影响已经大到无可比拟的程度,绝大多数软件行业的创新创业都离不开计算机网络

2.1.3 具备积极的创新意识

创新意识是指一个人在解决问题时具有的创造性思维和行动的能力,对于大学生而言,培养创新意识非常重要,因为这不仅可以帮助他们在未来的工作中具有竞争力,还可以激发他们的创造潜能,让他们更好地适应社会的发展。未来学家埃利雅德博士提出:"未来不是我们要去的地方,而是我们要创造的地方。"大学的学习分为几个层次:第一层是"课堂中学",这种方法可以快速吸收老师传授给我们的知识;第二层是"做中学",它把我们学习到的知识通过实际应用内化为技能;第三层是"创造中学",这是学习的最高阶段,不仅要理解知识、应用知识,更要在前人的基础上创新创造。当代大学生应该勇于创新,要努力培养自己的创新意识。

我们首先了解人类的创造性思维是怎么形成的。创造性思维是一种开拓人类认识新领域、开创人类认识新成果、掌握新方法的思维活动。创造性思维是以感知、记忆、思考、联想、理解等能力和个人基础知识为基础,以创新性为核心特征,在解决问题过程中产生的高级心理活动。创造性思维具有一定的新颖性,在解决问题的结果和方法方面具有自己的独到之处,在前人或者自己的基础上有新的见解、新的发现、新的突破。有学者总结了创造性思维的模型,认为任何创造性的活动都包括准备阶段、孕育阶段、明朗阶段和验证阶段。准备阶段和验证阶段属于显意识思维阶段,孕育阶段和明朗阶段属于潜意识思维阶段,这四个阶段相互联系和作用,解释了创造过程中顿悟的来源,并不单纯强调某一种思维方式。何克抗在《创造性思维理论:DC 模型的建构与论证》[4] 一书中提出了具体的思维培养方向,该模型包括以下要素。

- 一个指针:发散思维。旨在拓展思路,打破常规,从而产生更多的创意和想法。
- 两条策略:辩证思维和纵横思维。辩证思维能够帮助人们在分析和解决问题时,考虑多个因素和角度,发现问题的本质和矛盾点;纵横思维则强调横向的联想与比较,有助于启发新思想和新思路。
- 三种思维:形象思维、直觉思维和逻辑思维。形象思维能够帮助人们通过图像和视觉的方式来思考问题,激发大脑的创造力;直觉思维则侧重于对事物的直觉反应和感知,有助于启迪人们的灵感和想象力;逻辑思维则强调严密的逻辑推理和分析能力,有助于深入思考问题的本质和解决方案。

这些思维方式相辅相成、不可分割,需要在学习和生活中进行综合锻炼和培养,以提高个人的创造力和解决问题的能力。大学生要有意识地在学习生活中培养自己的创新意识和创新能力。为了培养这种创新意识,要有意识地培养自己的基础素质,要时刻保持着创新求变的冲动,多开展发散性、批判性思维的练习;要多开阔自己的视野,多从不同角度思考问题。具体来说,平时多做这些事情有利于创造性思维的提升。

- 多吸取:读书不仅可以增长知识,还可以开阔视野,培养创新思维。学生可以阅读各类书籍,也可以从生活、电影中吸取知识,包括文学、科技、历史等,拓宽知识面，增加灵感，形成发散思维的素材。
- 多实践：参加各类比赛、展览等活动，可以提高学生的实践能力，增强创新意识，同时可以借鉴他人智慧，在别人的肩膀上提升。
- 多思考：在实践过程中碰到问题需要多思考，多思考可以帮助学生找到问题的根本原因，并找到创新的解决办法。要勇于提出问题和假设，摆脱思维定式，对问题保持一种敏感性和好奇心。
- 多讨论：学生可以多参与讨论，与他人交流思想，不断完善自己的思维，在讨论中形成辩证思维的习惯。通过批判性辩证思维，形成自己的独立见解和灵活的思维。
- 多创造：学生可以通过设计产品，来培养创新意识。例如，参与创业项目、创造新产品等，可以提高学生的创新意识。我们也可以多探究和拆解事物的底层属性和关系，然后尝试加以不同的组合，从而创造新的事物。
- 多努力：学生可以设定目标，理想目标要清晰、可行、有价值，并训练自己的恒心耐心，体验为达到目标而克服各种困难的心理状态，培养自己的合作意识，通过不断的努力实现对新事物中所蕴含真理的无私热爱与忘我追求。

创新源于生活而又高于生活，我们已经生活于智能时代，人类和 AI 的主要区别在于人类的创造力，所以我们必须不断培养自己的创新意识和创新能力，用各方面的信息来丰富自己的想象力，使自己的创新思维立足于更高的平台，让我们通过联系培养自己的创新意识，努力走向世界的最前端。

2.1.4 掌握专业工具

除了掌握上述专业基础知识以外，程序员还需要熟练掌握各种专业工具才能胜任软件开发这项对实践能力要求非常高的工作。

子曰："工欲善其事，必先利其器。"那么软件系统的开发工具有哪些呢？虽然 2.1 节介绍了一些语言类的开发工具，但为了更全面和系统地进行说明，这里再做一些补充。

广义的开发工具包括操作系统、数据库、开发语言、软件框架等，本节选取一些很重要但容易被人忽略的软件平台或工具进行阐述。

1. 操作系统

个人计算机上安装的操作系统主要是 Windows 或 Linux，而智能移动设备——手机中安装的操作系统主要是 iOS 或 Android。目前，关于在这些主流操作系统上进行开发和应用编程的书籍非常多，本节仅介绍一些重要但容易被忽略的基础知识。

Windows 操作系统在业界的垄断地位是由个人计算机（PC）奠定的，目前全球大约 80% 以上的个人计算机的操作系统采用 Windows，这个数据对于软件行业而言具有重大意义，因为市场份额占据八成以上代表基于该操作系统的产业生态已经形成。具体而言，软件客户的计算机主体上如果采用的是 Windows 操作系统，则代表软件的开发环境（至少在客户端）安装的都是 Windows，而大量开发者维护的中间件、开发工具、应用软件等也必然会采用 Windows 版本，另外，除个人计算机之外，传统的工业控制领域的各类系统往往也较多地采用 Windows 平台，因此，投身于工业互联网发展的用户也需要了解和熟悉 Windows 系统。

如果说 Windows 操作系统在个人计算机上占据了主导地位，那么服务器市场则是 UNIX 系统的天下。UNIX 并不是一个单一的操作系统，而是一类操作系统，凡是符合 UNIX 规范的操作系统都可以称为 UNIX 系统，而 Linux 是其中使用最为广泛的一个。Linux 最初版本的开发者 Linus Torvalds 提倡免费共享的理念，使得全世界的程序员都可以通过 Linux 社区为该操作系统添砖加瓦。

为什么服务器上很少使用 Windows 操作系统呢？这是由于在 Windows 开发之初就确定它是面向个人计算机的，因此它的很多特性都是针对个人计算机设计的。例如，Windows 的桌面甚至被包括在内核当中，而 Linux 的桌面就是一个非常普通的用户程序。作为服务器最重要的多线程和网络能力，UNIX 系统比 Windows 系统要强得多，加上它是开源的，用户可以自己在上面拓展各种操作（这也是程序员的必备技能之一），使得 UNIX 系统在服务器领域全面领先。

iOS 和 Android 都是在手机上运行的操作系统，如果要在手机上开发一个 App，前端必然是两者之一。iOS 其实是由 FreeBSD 改良而来的，而 Android 是一个针对手机优化的 Linux，FreeBSD 和 Linux 都属于 UNIX 系统阵营，这再次体现了学习 UNIX 操作系统的重要性。就着这个话题，可以深入地讨论一下计算机和软件专业的基础知识与专业工具的关系。

在计算机世界里，专业的基础知识看似没有多少用武之地，譬如大家通过自学相关书籍就能自己开发一个 App，但是在实现的过程中会发现一堆不知其所以然的问题，其中有些问题可以被独立解决，有些问题却只有通过不断了解和学习专业的基础知识才能理解并把这些问题关联起来，融会贯通。因此，学习者在使用专业开发工具时，除参考技术手册以外，还需要对软件开发工具所蕴含的基本原理和实现机制有一定的了解，也就是需要掌握系统性的专业基础知识。

2. 数据库

对于数据库的重要性，读者在学习矩阵相关知识的时候已经有所了解。与人类相比，计算机最大的优势体现在数据的处理能力方面，这也是数据库课程所涉及的知识，因此熟练掌握数据库的相关理论知识及其应用，是对每一个 IT 创新型人才的基本要求。根据本书的主旨，下面仅列举和对比一些与创新有关的数据库。

目前主流的数据库包括 MySQL、PostgreSQL、Oracle 三种，其中 Oracle 是一种商用数据库，价格比较昂贵，功能也比较复杂，一般的项目开发基本上用不到它，这里不做过多讨论。

MySQL 是一种框架结构简单、容易入门的数据库，数据库初学者只需要投入较少的精力就能快速掌握它，并实现一个自己的数据库，同时其测试也很简单，适合初学者。绝大多数本科生在完成课程相关的实验、课程设计、毕业论文乃至小项目时，基本都会选择 MySQL 作为其数据库系统。

但软件行业的创业公司在做项目开发时，后台选择的数据库往往是 PostgreSQL。因为如果需要对数据库的功能进行个性化定制，也就是说，不满足于仅仅使用数据库系统本身提供的功能，而是想对数据库的功能进行拓展，PostgreSQL 会有很好的表现。对于 IT 创新型人才而言，最好能够熟练使用 PostgreSQL。原因很简单，不管是只需要使用简单的数据库来做开发，还是需要实现定制的数据库系统，PostgreSQL 都可以胜任。这就好比即使大部分学车的人都驾驶自动挡的汽车，但学开车时都学开手动挡的汽车，因为学会驾驶手动挡的汽车后，驾驶自动挡汽车是再简单不过的事情。

另外，大家可以发现，MySQL 和 PostgreSQL 有一个共同点，那就是都以 SQL 结尾，这表明它们都遵循 SQL（Structured Query Language，结构化查询语言）标准，也就是说，它们都是关系型数据库，具有的最基本也是最重要的功能是对数据的增、删、改、查操作。在传统的事务处理以及报表分析领域，以上这些操作足以满足用户的需求。但是随着互联网的飞速发展，特别是超大规模和高并发的 SNS（Social Network Service，社交网络服务）类型的 Web 2.0 纯动态网站的开发和应用，包括电子商务领域的数据分析，以上这两种类型的数据库就显得力不从心，后来就诞生了一些新型的数据库来应对具有更高需求的系统应用。

这些新型的数据库有各自的特点，但是一般都统称为 NoSQL 数据库，其含义是 non-relational（非关系型）或者 NotOnlySQL（不仅仅是 SQL），主要分为以下几类[5]。

- 键值存储型数据库，包括 Tokyo Cabinet/Tyrant、Redis、Voldemort 以及 Oracle BDB 等。这类数据库主要采用哈希表来存储数据，哈希表中有一个特定的键和一个指针指向特定的数据。对于一般的信息系统而言，键值数据库模型的优势在于简单、易部署，但是如果数据库管理员只需要对数据库中的部分数据值进行查询或更新，这类数据库的执行效率就显得有些低了。
- 列存储数据库，例如 Cassandra、HBase、Riak 等。这类数据库通常用来实现海量数据的分布式存储。键仍然存在，但键值指向多个列，这些列由列家族来定义。
- 文档型数据库，例如 CouchDB、MongoDB、SequoiaDB 等。文档型数据库的灵感来自 Lotus Notes 办公软件，它和键值存储类似。该类型的数据模型是版本化的文档，以特定的格式存储半结构化的文档，例如 JSON。可以将文档型数据库看作键值数据库的升级版，允许键值之间的嵌套，在处理和存储网页等复杂数据时，文档型数据库的查询效率比传统的键值型数据库更高。
- 图形数据库，例如 Neo4J、InfoGrid、InfiniteGraph 等。图形结构的数据库与其他具有行、列等刚性结构的 SQL 数据库不同，它采用灵活的图形模型，并且能够扩展到多个服务器上。NoSQL 数据库没有标准的查询语言，因此进行数据库查询时需要确定数据模型。许多 NoSQL 数据库都有 REST 式的数据接口或者查询 API。

以上各种类型数据库的对比如表 2-2 所示。

表 2-2　NoSQL 数据库对比

分类	典型应用场景	数据模型	优点	缺点
键值存储型数据库	内容缓存，主要用于处理大量数据的高访问负载，也用于一些日志系统等	键指向值的键值对，通常用哈希表来实现	查找速度快	数据不是结构化的，通常只被当作字符串或者二进制数据
列存储数据库	分布式的文件系统	以列簇式存储，将同一列数据存储在一起	查找速度快，可扩展性强，更容易进行分布式扩展	功能相对局限
文档型数据库	Web 应用（与键值型数据库类似，值是结构化的，不同的是数据库能够了解值的内容）	键-值对应的键值对，值为结构化数据	数据结构要求不严格，表结构可变，不需要像关系型数据库一样预先定义表结构	查询性能不高，缺乏统一的查询语法
图形数据库	社交网络、推荐系统等。专注于构建关系图谱	图结构	利用图结构相关算法，比如最短路径寻址、N 度关系查找等	很多时候需要对整个图做计算才能得出需要的信息，而且这种结构不利于做分布式的集群方案

如果要完成复杂的 IT 项目或者进行 IT 系统的创新，必须掌握以上 NoSQL 数据库。

通过数据库系统的发展过程可以看到，在人类科技发展的历史上，从有需求到需求被满足，然后诞生新的需求，再到新的需求被满足，这一步步的迭代发展过程正是科技进步的原始模型。但这个"需求到满足"的周期，在计算机出现之前是比较缓慢的，在计算机出现之后，这个周期被大大缩短。软件行业人才济济，使得 IT 行业的发展非常迅猛，出现的各种新需求都会被迅速满足，从而带来了技术和系统的不断更新。

3. 开发语言

基本上每种程序开发语言都有各自的特点和适用领域，对于创新型程序员来说，很难做到精通所有开发语言，因此建议精通一种开发语言，对其他开发语言能够做到有所了解并会使用。那么选择哪种开发语言作为精通的语言呢？

可以针对不同的系统需求选择不同的开发语言，创业公司的程序员一般会根据业务开发需求来选择开发语言。但对于正处于学习阶段的学生而言，比较好的方法是选择一种普适性的开发语言。例如，在互联网及相关应用迅速发展的前几年，精通 Java 语言是一个不错的选择。因为 Java 是互联网应用开发的主要语言，而选择在互联网行业就业的程序员占大多数，他们的主要业务都是围绕"互联网+"开展的，已形成很好的生态。但时至今日，随着产业发展需求的变化，C++编程语言又逐渐回到了重要位置，尤其是支持函数式编程（由于篇幅所限，关于函数式编程，请读者自行查阅相关文献）的C++11版本及其之后的版本，在行业开发应用中更为得力。下面介绍影响Java语言发展的几个因素。

首先是中美贸易摩擦的影响。Java开发语言本身是免费的，但是Java语言的企业版却是收费的，而且目前由Oracle（甲骨文）公司掌握其版权。如果在全球软件开发行业发生类似于芯片行业的"断供"状况，则Java在中国的影响力会受到很大波及。这是第一个因素："有和无"的问题。

其次，由于数据库市场不断产生的很多新需求是Oracle公司的主打产品Oracle数据库不能满足的，因此市场上出现了百花齐放的局面，这使得Oracle公司难以持续维持由技术代差带来的高利润，而由于它收购了Sun公司（Java语言的原创开发公司），因此有可能将下一个利润增长点投向拥有全球最多开发者和项目的Java开发语言上。如果对该语言收取"适当"费用，会为公司带来巨大利润，但对国内程序员和IT项目而言，则会变成一笔不小的成本（具体可参见Oracle数据库的价格）。这就造成了第二个因素："便宜和贵"的问题。

再次，由于函数式编程的兴起，各种新的编程语言也层出不穷，例如Go语言、JavaScript语言、Python语言、Scala语言，甚至包括C++等，这些新的开发语言虽然目前在生态方面不如Java语言，但也逐渐在不同应用领域形成各自的优势，因此这些开发语言都对Java语言的霸主地位构成了挑战。这是第三个因素："新和旧"的问题。

同时，再补充一个知识，JavaScript底层是用C++语言实现的，而Python底层则是用C语言实现的。因此综上所述，虽然Java语言在短期内仍然不可替代，但从长远来看，精通掌握C++语言（尤其是C++11以后的版本）是初学编程的读者一个不错的选择。

4. 软件框架

计算机的问世给人类带来了诸多好处，其核心贡献是在"数字化"方面发挥的作用。大家可以通过下面介绍的马克思和燕妮的故事来理解这个贡献的重要性。

马克思和燕妮的故事是一个伟大的革命者与一位贵族小姐之间的爱情故事。在马克思所撰写的许多伟大著作问世之前，燕妮承担了繁重的手稿抄写任务。据说马克思的字迹非常潦草，燕妮曾在其回忆日记中写道："回忆我坐在卡尔的小房间，抄写他那些字迹潦草的论文的日子，是我毕生最幸福的日子。"马克思撰写的文稿一脱手，燕妮便夜以继日地赶抄，但由于马克思的思维速度及思想深度都异于常人，他总是不断迸发出新的思想火花，很多时候在燕妮刚抄写好的文稿上，马克思又会做很多修改，燕妮只能重新整理抄写。这样反复的抄写工作是非常辛苦和繁重的。

在计算机问世之前，很多老一辈的作家也有类似的经历，要将脑海里的内容转化成文字或者将手写的文字转化成刊印的书本，都是一件很艰难的事情。计算机及文字编辑软件的出现彻底改变了这一切。在计算机上使用文字编辑软件，不仅可以非常方便地创建新文档，在任意位置实现文字的增、删、改，而且通过复制和粘贴可以形成多个副本，对文字的编辑和修改操作效率有了质的提升，这就是"数字化"的体现，类似于人类开始用语言而不是声音和动作来表达想法的跨越式进步。程序开发过程实际上也是程序员个人想法的表达，那么，如何更好地支持程序员想法的"数字化"转换过程呢？这就涉及软件框架的概念。

软件框架（software framework）通常是指为了实现某个业界标准或完成特定基本任务的软件组件规范，也指为了实现某个软件组件规范时，提供规范所要求的基础功能的软件产品 [6]。

一般来说，程序员使用软件框架的过程包含以下几个步骤。

1）接到一个项目。
2）完成需求分析，了解项目目标。
3）对项目进行概要设计，其中最重要的是找到合适的软件框架。
4）对项目进行详细设计，其中最重要的是对软件框架进行内容填充。
5）完成编码。

为什么在以上两个最重要的步骤中都涉及软件框架呢？其实在软件开发初期，并没有软件框架的概念，程序员都是凭着自己的逻辑加想象来完成编码的。但是，由于每个人的思维和逻辑都有局限性，不可能做到完美无缺，因此在程序设计过程中难免出现各种漏洞或者偏差。同时，不同的人，其思维方式也有较大差异，由此带来了两个比较突出的问题：一是程序员设计出来的程序都或多或少有各种各样的 bug（错误），并且难以完全消除；二是即使某个程序员在使用其开发的某段程序时没有出现问题，另一个程序员用他的理解和方式来使用这段程序时也可能出现一些问题。

那么平均而言，软件中到底会存在多少 bug 呢？美国卡耐基梅隆大学软件工程研究所（Software Engineering Institute，SEI）组织全世界的软件过程改进和软件开发管理方面的专家历时四年专门开发了一个称为 CMMI（Capability Maturity Model Integration，能力成熟度集成模型）的软件能力成熟度评估标准，并在全世界范围内进行推广和实施，主要用于指导软件开发过程的改进和进行软件开发能力的评估 [7]。在 CMMI 的最高级别 CMMI5 中，软件的 bug 包含率标准是不超过 0.32‰，即 1000 行代码中最多有 0.32 个 bug，这已经是软件行业内的最高水平。比较熟练的程序员通常也只能达到 CMMI1 的水平，即代码错误率为 11.95‰。那么一个软件通常包含多少行代码呢？以 Windows 10 操作系统的代码量为例，比较可靠的猜测是 6000 万行以上，而 Linux 操作系统 2018 版本的代码量大约是 2500 万行，通过 CMMI 标准，大家可以估算出它们的 bug 数量。

通过以上分析可以看出程序员使用软件框架的重要性。首先，使用软件框架可以帮助程序员节省大量的时间，避免将精力耗费在其他人已经完成的工作上（例如，几乎所有后台软件框架都提供了成熟的"增、删、改、查"的操作封装）。其次，知名的软件框架一般都会经过大量的测试，已经将其错误率降到尽可能低的水平。也就是说，如果普通程序员自己从头到尾来写完整的代码，那么代码中 bug 的比例通常是 CMMI1 的水平，而使用软件框架时，由于框架的错误率是 CMMI5 的水平，因此代码错误率将下降到原来的 1/30 左右！由此可见，使用软件框架的优势是很明显的。

2.1.5 有端正的专业态度

众所周知，每个行业都有其准入门槛，软件行业也不例外。将专业态度放在本章的最后来介绍并不是因为它不重要，相反，它比前面介绍的各种能力更为重要。俗话说：态度决定一切！能力可以培养，但如果专业态度不端正，则会失去获得培养的机会，所以，作为一名程序员，需要具备相应的专业态度，才能在这个行业长久干下去。下面介绍软件行业要求的专业态度。

除了通用的职场规范和职业态度之外，从事软件行业的程序员还需要特别重视以下几点：在个人素质方面，要有强烈的求知欲和好奇心，要有优秀的团队精神；在个人职业习惯方面，要为自己所完成的代码写清楚代码注释和说明文档，并经常对自己的代码进行维护（测试）。下面对这些内容进行详细介绍。

1. 强烈的求知欲和好奇心

知名作家王小波曾说过："人在年轻时，最头疼的一件事就是决定自己这一生要做什么。在这方面，我倒没有什么具体的建议，干什么都可以，但最好不要写小说，这是和我抢饭碗。当然，假如你执意要写，我也没理由反对。总而言之，干什么都是好的，但要干出个样子来，这才是人的价值和尊严所在。"由于本书的读者都会与软件行业有关联，也可以说大部分读者都是或者即将成为程序员，因此可以借鉴王小波的话来提醒相关读者：程序员的队伍已经足够庞大，而且技术日新月异，如果没有强烈的求知欲和好奇心，必然会在三到五年甚至更短的时间内被行业所淘汰，因为这是软件行业所独有的特征。

下面举两个例子来阐释这个问题。

2015 年 6 月的一天，笔者正在校园里散步，听见后面有两个女学生在说话，其中一个问道："你知道 Spark 吗？"作为一名程序员，我当时耳朵就竖起来了，因为 Spark 作为一个开源项目，在 2014 年 5 月才正式上线，知道它的人不多。一瞬间，笔者脑海里闪过好几个念头，其中一个是："我是不是听错了，这个女生其实是在说 SPA。"而另一个女生的回答解开了本人的疑惑："就是那个内存版的 MapReduce 吗？我已经开始使用一段时间了……"接下来，两个女学生就开始讨论各种技术细节。对于无意中听到的这段对话，笔者当时感觉非常震惊，同时也很欣慰，虽然目前我国软件行业的水平暂时与美国等发达国家有不小的差距，但是如果这两位学生能够代表我国软件行业的未来，那么我国软件行业还是大有可为的。

另一个例子广为人知。2017年，华为公司在中国区开始集中劝退34岁以上的交付工程维护人员，而对于研发人员，则是集中清退40岁以上的老员工，尤其是普通程序员。虽然华为官方宣称这些事情不是实际情况，但通过近几年陆续有华为员工在网络上爆出自己在公司的艰难处境的事件来看，华为公司裁减中年及以上员工的传闻并不是空穴来风。此例反映出一个事实：对于其他行业而言，35岁的员工正处于"年富力强"的黄金时期，无论从思想成熟程度还是业务经验方面都是最能胜任业务工作的，因此他们一般都是单位的业务骨干或者管理人员。然而在IT行业，如果程序员没有强烈的求知欲和好奇心，并与时俱进地更新自己的知识，则会进入一个名为"稳步发展"、实则"原地踏步"的境地，这会导致严重的职业危机。

因此，程序员要时刻关注行业的发展趋势，尽可能多地参加本领域的交流和研讨会，不断更新自己的业务知识，让自己始终保持在一个较高的业务水平，跟上行业的技术发展步伐。

2. 团队精神

许多人是因为看到影视作品中的计算机黑客无所不能，才加入软件设计和开发行业中来的。不可否认，在电影炫酷的场景中，化身"黑客"的人物在虚拟世界中自由飞翔、无拘无束，这确实能够激发人们的美好憧憬，使人们受到了一种"个人英雄主义"的熏陶，希望自己有朝一日也能成为这样的人物。但实际上，比起少数在网络中无拘无束地游走的"黑客"或者肆意开展某种破坏行为的"骇客"，大多数程序员通过自己编写的代码来支持人类社会的各种生产和生活活动，参与人类社会的"建设"而不是"破坏"工作，对社会发展起到积极推动作用，他们才应该受人尊敬，他们代表的是一种"集体英雄主义"精神。

任何一个软件工程项目，往往包含几十、上百甚至千万行的代码，这绝不是靠一个程序员就能完成的。在大型软件系统的开发中，由集体共同参与才能完成的工程化开发控制取代了个人英雄主义，成为软件系统能顺利开发和实施的保证。开发软件项目就好比建造一幢摩天大楼，没有多人的合作是不可能完成的，个人力量能达到的建筑极限也就是湖边的一座小木屋，由此可见团队精神在软件行业中的重要性。

任何较大的软件开发公司都有一套严格的软件开发管理流程，这是所有行业正规化、职业化的必然结果。在这种严格、精密、宏大的控制体系下，团队合作是必不可少的，这体现在软件开发过程的多个环节，例如：所有人都严格遵守和执行项目开发中的进度管理要求，在每个子任务的完成期限之前保质、保量地交付工作；小组成员之间相互提醒和帮助，进行良好的沟通，从而保证模块之间的顺利衔接与交互，以及整个项目的实施。

3. 代码注释与说明文档

程序员工作中经常要面对并且觉得比较痛苦的事情就是阅读其他人写的代码，即读代码工作。阅读其他程序员完成的代码，尤其是阅读拥有不良编程习惯的其他程序员的代码，是一件令人头疼的事情。

读代码过程中遇到的困难主要体现在两个方面。一方面是代码中包含很多自己不熟悉的程序包，需要查阅其他参考资料，这个过程有些困难，但还算不上痛苦。另一方面，由于个人水平欠缺，其他程序员写的代码会出现很多逻辑上的问题，使代码难以理解。这两方面之间的区别是：前者代表阅读代码的人知识储备或者技术水平有待提高，后者则说明写代码的程序员自身的水平有限而影响了其他人的理解。

那么，程序员如何让别人读懂自己写的代码呢？最简单和直接的方式就是在代码中添加注释、提供代码的说明文档。程序员都希望所阅读的代码条理清晰、逻辑性强，并且带有良好的注释，而不希望看到逻辑混乱、不知所云的代码。所谓"己所不欲，勿施于人"，每一个程序员在编写代码时都应该这样来做。但实际上，由于在程序代码中增加注释和说明需要额外花费大量的时间，而软件项目一般都有比较严格的开发周期，时间比较紧张，因此大部分程序员在写代码时基本上都以完成既定功能为主，没有太多时间来补充注释或者说明。而这项工作做与不做，也正是优秀程序员和普通程序员之间的最大差别。因此，目前市场上出现了很多专门用来读代码的工具，例如 Source Insight。那么如何增加注释以便让他人更好地理解程序呢？

程序员界常用的方法是用尽可能体现其含义的完整名字来命名函数和变量。例如，要编写产生一个时间戳的函数，最简单但可读性最差的函数命名方式是用一个字符，例如 c()，名字中完全没有体现该函数的功能，因此读者很难知道该函数是做什么用的，甚至编写该程序的程序员过一段时间再看该函数也会觉得陌生。一个改进的方法是将函数命名为 generate()，名字中至少体现了该函数的大致功能，而更好的名字是 GenerateTimeStamp()，阅读该函数的任何人，只要明白其英文单词的含义，就会清楚地知道该函数的主要功能是产生一个时间戳。这种体现函数功能的完整命名方式可以减少需要的注释。

在清晰地进行函数命名并在程序代码中做好相应注释后，代码就具备了让其他程序员读懂的基本条件。如果代码量比较大，则还需要提供一个说明文档，详细地说明程序代码的整体思路和结构等。

那么程序中所提供的代码注释量到底为多少才好呢？一般而言，注释的内容与程序的代码比例至少要达到 1∶1。因此，程序员在编写代码及注释时要养成良好的习惯。

4. 测试

如果一位程序员完成了一段程序代码并做好了注释，同时还提供了说明文档，这是否代表他的任务已完成呢？其实还没有，上述工作仅完成了三分之一，因为还没有进行代码测试。一个大型项目的测试用例的代码量通常是初始程序代码的两倍左右。如上所述，如果注释和代码的比例是 1∶1，则测试代码与（注释+代码）的比例则是 2∶1。也就是说，每一段功能代码的测试都需要由代码量是原代码量四倍以上的非功能代码来完成。可想而知，程序员工作的辛苦程度是其他行业的人难以体会的。

测试用例的代码有两个非常重要的作用。第一个作用是保证代码的正确性和健壮性，因为对所有可能出现错误的地方都通过测试进行了检验。第二个作用是保证代码的延续性，下面重点讨论这一点。

软件行业的发展日新月异，各种软件的更新速度也越来越快。以手机应用程序为例，以前很多所谓有"强迫症"的人不能容忍自己的手机上存在没有更新的程序，对所有程序都会及时更新，而现在这些人很难做到这一点，因为几乎每个手机 App 都在不断更新，有些 App 一两个月会有更新程序，有些 App 每周都会有更新。这种更新被称为软件迭代，软件在每次迭代时都会增加一些新功能或者修改原来存在的一些 bug。

软件迭代过程所带来的问题是，新版本中增加的功能会不会与已有功能发生冲突？对已有 bug 的修改会不会导致新的 bug？解决这些问题需要用到大量的测试用例。每次迭代过程都要把以前所有的测试用例运行一遍，以确保之前的功能还能用，而如果测试过程中发现了新问题，则需要写新的测试用例来检验，并把新用例添加到测试用例库中。因此，久而久之，测试用例库就会变成一个巨大的资料集，同时，这些测试用例会成为企业宝贵的财富。

很多开源软件都将源代码开源，而一般不会完全开放测试用例，因此读者在使用开源软件时需要注意，只能使用该软件已有的功能，有时这些功能不能完全满足需求，如果要自己增加一些新的特性，则建议读者寻找开放测试用例的知名开源软件来进行修改和补充，否则在缺乏测试用例的情况下，如果出现了问题，就需要读懂其所有的源代码，这是一项非常艰巨的任务。

2.2 对 IT 创业型人才的要求

在讨论完 IT 创新型人才所要具备的能力后，再来看看 IT 创业型人才需要满足哪些要求。IT 创业型人才首先应该是一名合格的创新型人才，否则会大大降低创业成功的概率。

除了是一名合格的 IT 创新型人才之外，IT 创业型人才还需要具备哪些特质呢？在对大量 IT 行业创业者进行调研的基础上，结合作者的经验，下面给出了 IT 创业型人才需具备的四个最主要的特质（见表 2-3），后面会进行详细阐述。

表 2-3　IT 创业型人才需具备的主要特质及其原因

主要特质	原因
充沛的精力	创业者要同时兼顾多种角色，需要处理银行、人事、税务、管理等多种事务，需要全身心投入
组织能力	创业者要管理与协调团队工作，保证工作顺利推进
社交能力	创业者需要与不同的人打交道，良好的沟通可以解决多数的问题和冲突
学习能力	创业者要有前瞻性的思维，掌握行业最新的动向，学习最新的知识，又因创业者能用于学习的时间不多，进行高效的学习是非常必要的

1. 充沛的精力

创业对人的考验是全方位的，其中最基本的要求是具备良好的身体素质和旺盛的精力。虽然目前国内实行的是 8 小时工作制，但在软件行业，由于竞争激烈，实际上从业人员经常遇到从早上 9 点到晚上 9 点、每周工作 6 天的情况。但如果自己要创业，则投入到工作中的时间会更长。作为创业公司的老板，而不是普通员工，要考虑和处理的事情的数量和复杂度会成倍增长。当前社会的快速发展使各个行业的竞争加剧，尤其在软件行业，由于创业门槛相对较低，数量庞大的创业公司之间的竞争比其他行业更为激烈，因此，创业者要想在激烈的竞争中赢得一席之地，需要付出更多的时间和精力。当前的创业者普遍情况下的工作安排都是从早上 8 点（甚至更早）一直忙到晚上 12 点（甚至更晚），除了必要的吃饭和睡觉时间之外，通常都在工作，每周工作 7 天而且全年无休。普通的上班族工作内容相对比较固定，只做与自己的职位相对应的事情。而创业者不仅要与员工打交道，与客户打交道，与上、下游的供应链打交道，还要与管理部门打交道；要时刻关注业内发展趋势、规划公司发展方向；要处理银行、税务、人事、管理等诸多常规性事务。创业者需要处理的事情涉及公司的方方面面，因此要有足够的精力和体力去支撑。

国外名校流行过一个 3S 魔咒，即"Study，Social，Sleep"，意思是"学习、社交、睡眠，三者必须放弃一样"，这个魔咒同样适用于创业者，这也说明拥有充沛的精力是创业者获得成功的基本条件。

因此，创业者在创业初期，就要有意识地选择一些体育运动来强身健体，例如，长跑或游泳等运动都是非常合适的增强体质的方式，同时，锻炼过程中人体产生的多巴胺也能够对创业过程中所产生的各种焦虑心理起到有效的调节作用。

2. 组织能力

创业之路一般从成立一家公司开始。"企业"的英文为 Enterprise、Company 等。Company 还有"伙伴"的意思，意味着开公司不是一个人能完成的事，需要一群人的参与，那么就一定会遇到组织和管理的问题。

由于一个人的能力是有限的，因此开公司就需要多人合作，多人合作必然需要合理的组织。越大、越复杂的事情就需要越多的组织人员和越强的组织能力。组织管理领域的一种普遍说法是，一个人能够进行有效的直接管理的人数的上限是 8，也就是说，每 9 个人中就要有 1 个专职管理人员。那么，81 个人中要有 9 个管理者，而这 9 名管理者中还需要有 1 个上级管理者，这只是最低的管理人员配备标准。团队越大，组织管理工作就越复杂。在 100 个人的团队中，大概需要 30 个脱离一线生产而专门从事组织工作的人员；而在 1000 个人的团队中，管理者则要占到 500 个左右。

IT 创业型人才需要从最小的事情一步一步做起，通过各种途径培养和锻炼自己的组织能力。例如，不管是参加学生会等社团组织，还是当班干部，都有很多机会来锻炼组织能力，比如组织篮球/足球等运动比赛、开展班级联谊活动等，都是培养和积累组织经验的方式。

3. 社交能力

在程序员的世界中往往需要两种能力，一种是与人沟通的能力，另一种是与计算机设备沟通的能力。社交能力就是指与人沟通的能力，这对于 IT 创业型人才来说尤其重要。如果说普通 IT 从业者与人沟通的能力达标就可以的话，那么 IT 创业型人才的此项能力需要接近满分。为什么呢？因为一个公司在成立初期，可能没有专门的销售人员，需要创业者带着产品（或者产品原型）去市场上闯荡，在推销产品的过程中积累客户，如果要发展壮大公司，还要寻找投资人。这一过程中最重要的就是学会与人打交道。

这个过程实施起来并不是想象的那样简单。经商的人常常都会说"生意难做"，由于每一位顾客都会选择自己认为性价比最高的商品，因此他们会挑三拣四、讨价还价。而作为卖东西的一方，并不是人人都能够成功地将东西卖出去，因为并不是所有的人都有卖东西的经历，甚至可以说只有极少部分人由于家庭或者特殊原因才会有卖东西的体验，卖家要靠自己的"三寸不烂之舌"才能说动买家。因此售卖软件产品的创业者，要让客户接受和购买自己的软件产品，需要强大的沟通和社交能力。

除了挖掘客户、进行产品营销之外，创业者还需要寻找投资人为公司的发展注入资金，这又是一道坎。因为创业者与投资人双方的信息和经验也处于上述买家与卖家那样的不对称状态。一般而言，创业者在创业初期和中期接触的投资人数量只有几个，最多几十个，而投资人因为要使自己的资产利润最大化，往往会接触更多的创业者来进行对比和筛选，所以他们接触的创业者数量可能有上百个。在这种情况下，创业者难免处于劣势地位，因此，一定要做好心理准备，在经历失败时坚持下去才有可能成功。

笔者的建议是，如果想成为创业者，不妨多参加类似于在街头分发传单的商业活动，其目的是体验卖家思维，为之后自己的创业打下基础。更高级的社交能力无法用几句话说清楚，如有必要，读者可以学习一些心理学知识，推荐阅读霍尼的系列书籍，例如《我们时代的神经症人格》《自我分析》等。

4. 学习能力

这里的学习能力包括两方面含义，一是如何利用有限的时间进行学习的能力，二是如何高效地进行学习的能力。

前面提到过，一个IT创业型人才首先应该是一个合格的IT创新型人才，对IT创新型人才的基本要求是具有一定的数学基础知识以及计算机和软件开发的专业知识，另外，还要熟悉专业工具并具备专业的态度等，而对创业型程序员来说，更多的是要求有旺盛的体力和精力、强大的组织能力和社交能力等。因为创业是一个很考验个人综合能力的过程，文理兼修且都具备很高的水平是创业者最理想的状况。但人的精力和时间是有限的，如果达不到所有的条件，则要做好规划和取舍。例如，如果一个软件工程专业的学生在参加和组织学生会、班级事务等方面投入了很多精力，那么他的组织能力会得到锻炼和提升，但同时也会影响他学习专业知识的时间和学习效果。创业型人才需要处理的事情非常多，因此如何做好规划，以便在繁杂的事务中保留一定的学习时间，是一种重要的能力。一种有效的方法是严格制订计划，在计划的时间内集中全部精力去完成计划中的内容；或者掌握方法论，将自身经历转变成能够促进学习的方法。关于方法论，本书会在第3章进行介绍，但是掌握方法论也不容易，很多人在经过很长时间的学习和实践后仍然不能完全掌握。

大家都知道，成功创业不是一件容易的事，笔者对软件行业35～40岁的创业者做过一些调研。例如，当问他们"创业体会和感受"时，大部分人的回答都是"压力大、太辛苦、性价比太低"等；而问他们"对自己创业后不后悔"这个问题时，绝大多数人的回答都是"后悔"；但是，如果继续问"假如回到最开始，你还会不会选择创业"，绝大多数人的回答却都是"可能还是会"，如果追问理由，虽然回答各式各样，但有一点是共通的，那就是几乎所有创业者都认为在创业过程中，"自己的能力有很大的提高，这些是上班完全不可能给予的"。

道理其实很简单，《孟子·告子下》里的《生于忧患，死于安乐》中写道："故天将降大任于斯人也，必先苦其心志，劳其筋骨，饿其体肤，空乏其身，行拂乱其所为，所以动心忍性，曾益其所不能。"人只有在逆境中才能快速成长。在现今的环境下，创业过程确实可以制造极大的逆境，只要具备足够的学习能力，从失败中吸取教训，创业即使失败也依然有价值、有意义。

2.3 意志力的培养——是否需要自己做CEO

在很多读者看来，创业最广泛被接受的理由就是自由，无论是工作自由还是财务自由，重点是自由，但如果自己不是CEO，也无从谈论自由。这个观点在笔者做调研的时候有不少企业的创业者，包括比较有规模的企业的创业者，在创业初期是赞同的。

在人类社会高度分工、各种组织形式日益完善的情况下，绝对的自由是不存在的；

低收入者受到资金的制约，高收入者受到组织和责任的制约。要做 CEO，就要担负起 CEO 的责任。西方有句谚语：欲戴王冠，必承其重。孔子在《周易·系辞·下》中提到："德薄而位尊，知小而谋大，力少而任重，鲜不及矣。"

这里先介绍一个公司的组织结构，再讨论 CEO 的问题。在美国，成熟的公司中的员工可分为两类：平时干活的员工和平时不干活的员工。前者叫作"员工"，后者叫作"股东"。股东通常不止一个，因此他们会成立一个名为"董事会"的机构，每当公司遇到重大问题时，就由董事会根据股权比例进行投票来决定。投票结果是超过半数通过还是超过 2/3 通过取决于公司章程，公司章程是在公司建立的时候确定的，每个公司都不一样。对公司章程进行修改也要经过董事会投票通过。董事会只针对公司非常重要的事件开启投票，对于公司平时的运营，董事会是不管的，因为股东们平时不做任何工作。那么平时的运营工作谁来做呢？董事会需要选择一个人，大家都同意他来运营公司，这个人就是 CEO。所以 CEO 是需要干活的，他是员工，而且处于员工的顶端。当然，CEO 往往也有一定的公司股权，他是股东中的一员，在董事会中也有席位。

CEO 的全称是首席执行官，这是从英文 Chief Executive Officer 翻译而来的，一般国内的称呼是总经理。总经理之下是副总经理，各个副总经理分管不同的内容，比如技术副总、市场副总等，对应的英文称呼是技术 VP（Vice President）、市场 VP。因为软件行业比较关注技术，所以先从技术 VP 开始往下延伸，技术 VP 下一级是 CTO。这可能出乎大家的意料，CTO 和 CEO 听起来级别一样，其实差了两级。

大致介绍公司的组织架构（有关详细内容，可参考《中华人民共和国公司法》）之后，再跟大家讨论一下要不要成为 CEO。CEO 一方面要对股东（董事会）负责，另一方面要对员工负责，是一个非常艰辛的职位，压力很大。如果非要做 CEO，就要有意识地培养自己的意志力，以提升自己的抗压能力。面对股东的期望、员工的工资、打不开销路的产品、被下游拖欠的货款等问题，不身在其中是很难体会这种压力的。

对于初次创业的读者，尤其是软件工程专业的学生，建议从 CTO 开始做起，逐渐提高自己的能力，一开始就做 CEO 就像没有经过特别训练就开始极限运动，危险系数很高。如果开始就要做 CEO，再次建议保持运动的习惯，尤其是长跑、长距离游泳等。研究表明，运动能促进多巴胺的分泌，而人体自然产生的多巴胺是抗抑郁的有效武器。需要注意的是，创业者如果长期处于抑郁状态，而且运动也不能缓解，就需要及时寻求心理医生的帮助。

小结

本章以 IT 行业为例，就创新创业的人才素养展开讨论。理论上说，由于创业的复杂性，一个人所有的素养都能够在创业的过程中得以体现，但具体到创新创业的某一项工作，对人的素养要求还是有所不同的。创新型人才主要考验的是扎实的知识基础、旺盛的求知欲、专业的态度；而创业型人才在基本具备以上素质的同时，更加侧重于良好的人际交往能力和广泛的社会联系；而如果要做创业企业的CEO，要求就更高——需要有坚强的意志，此时离偏执仅有一步之遥，所以保持心理健康也是创业者的必修课。

参考文献

[1] 斯坦福大学. UFLDL Tutorial——Convolutional Neural Network[EB/OL]. [2024-03-12]. http://ufldl.stanford.edu/tutorial/supervised/ConvolutionalNeuralNetwork/.

[2] 第3期：如何理解十维空间？[Z/OL].(2017-03-08)[2014-03-12].https://www.bilibili.com/video/BV1Gx411C7fq.

[3] 百度百科. 丘成桐[EB/OL].[2024-03-12]. https://baike.baidu.com/item/%E4%B8%98%E6%88%90%E6%A1%90/638825?fr=aladdin.

[4] 何克抗. 创造性思维理论：DC模型的建构与论证[M]. 北京：北京师范大学出版社，2000.

[5] 罗琼，杨微. 计算机科学导论[M]. 北京：北京邮电大学出版社，2016.

[6] 刘瑜，王立福，张世琨. 软件框架开发过程研究[J]. 计算机工程与应用，2004，40（2）：26-28.

[7] RASSA R C, GARBER V, ETTER D. Capability Maturity Model ~ R Integration (CMMI ~ SM): A view from the sponsors[J]. Systems Engineering,2002,5(1):3-6.

习题

1. 创新与创业的区别是什么？两者有没有必然的因果关系或者包含关系？
2. 如何理解软件行业的门槛在逐步提高这件事？
3. 非软件专业的学生转入软件行业，需要补齐哪些短板？
4. IT创新型人才的基本素质包括哪些？
5. 如何理解普通高等院校计算机或者软件工程专业的课程设置与IT创新型人才的要求高度重合？
6. 对IT创业型人才与IT创新型人才的要求区别是什么？为什么会有这些区别？
7. 一个标准的软件公司的组织架构是什么？CEO和CTO是平级的职位吗？
8. 本书不推荐程序员创业从CEO做起，为什么？（可以参考埃隆·马斯克的相关视频。）

思考题

1. 假如你有创新、创业的想法，那么在大学期间要做好什么样的准备？
2. 如何理解应该尽量在大学期间尝试一些可能失败和丢脸的事情？这对创业有何意义？

第 3 章　IT 创新创业成功要素

在了解了之前章节介绍的基础知识以后,下面为大家介绍一组数字。在国家发展和改革委员会交由人民出版社出版的《2020 年中国大众创业万众创新发展报告》[1]中可以看到,我国的创业成功率基本呈上升的趋势,创业的人越来越多,创业环境也越来越好。但是,中国总体的创业成功率始终在 1% ～ 10%,这个数字比以美国为代表的发达国家低,美国的创业成功率大概是 20%。下面从多个角度分析该数据。

第一,差距是可以理解的,本书讨论的创业指的是创办一个公司。公司以及公司制起源于 16 世纪,19 世纪 60 年代,《合股公司法》经过重大修改,首次正式称为《公司法》[2]。公司制刚开始是非常小众的制度,后来慢慢演变为大家耳熟能详的名词。作为"舶来品",公司制在国外尤其是发达国家更完备,而与公司以及公司制相关的部分,对创业成功率是有影响的。

第二,另一个影响创业成功率的因素是金融。公司发展的过程与金融业紧密相关,而金融业在我国仍处于快速发展阶段。一些与公司有关的名词最近十年才在我国流行起来,例如 CEO(Chief Executive Officer,首席执行官)、CTO(Chief Technology Officer,首席技术官)、2B(To Business,面向企业客户)、2C(To Customer,面向个人客户)等,这只是一些初级内容,稍微复杂的金融知识,例如 IPO(Initial Public Offering,首次公开募股,可以理解为上市)、VC(Venture Capital,风险投资)、PE(Private Equity,私募股权投资),现在能完全理解的人还不是特别多(即使在创业者当中也是如此)。

第三,前述 10% 的成功率是指整个创业成功率,也就是全社会、全年龄段的创业成功率。如果是大学生,那么创业成功率会大幅下降。前文曾提到,一个刚毕业甚至未毕业的大学生,其创业的成功率是无法与一个 40 岁左右、拥有不少行业资源的企业高管相比的。所以大家在考虑创业实战时,哪怕是纸上谈兵,都需要有严肃的态度。

下面从创业成功与否的判定开始介绍本章的内容。

3.1　创业成功的判定

通过我国已公布的关于创业成功的统计数据来看,创业的成功率是比较低的,大约低于 10%。这是一个不乐观的数字。

作为一名理工科学生,可以对此做一些分析。比如我们在学习微积分的知识时,首先要知道为什么要学习微积分,因为有些问题难以用初等数学的方法解决,例如计算一个不规则图形的面积。那么如何学习微积分？微积分的概念与初等数学中的所有概念有很大区别，可以从最基本的"无穷小量"的定义入手，从定义推导出公式，并进行大量的例题训练，最后解决实际问题或模拟问题（考试）。也就是说，当我们面对复杂问题时，不能茫然，而是应该积极运用所学的知识，尝试用自己的方法论解决问题。

创业是一件非常复杂的事情，那么什么是创业成功，什么是创业失败呢？这相当于定义初等数学里的 0 和 1 或者高等数学里的无穷小量。理工科学生应该首先有这样的理解。

令人遗憾的是，创业成功与否至今都没有一个清晰的定义，因为不能简单地将其认定为一个科学问题，其中还夹杂着人生观、价值观、世界观这些因人而异的东西。从理工科学生的观点来看，创业变量太多，而且缺乏普遍规律，是一个 NP 问题。对于每一次创业，都要具体问题具体分析。因此本书只进行有限度的讨论，希望读者尝试建立自己的标准。

3.1.1 创业失败的定义

创业失败的定义相对简单，毕竟创业失败比创业成功要常见。

按照 1.1.2 节中的定义，创业是指"创办一个企业"，那么"创业失败"可以定义为"所创办的企业倒闭"。这种简单的定义存在诸多问题，下面一一进行讨论。

1. 倒闭

"倒闭"这个词甚至不是一个法律概念，正式的法律概念叫作"破产"。《中华人民共和国企业破产法》第一章第二条规定：企业法人不能清偿到期债务，并且资产不足以清偿全部债务或者明显缺乏清偿能力的，依照本法规定清理债务；企业法人有前款规定情形，或者有明显丧失清偿能力可能的，可以依照本法规定进行重整。

这里引用正式的法律文件是希望读者明白，创办企业本身就是一个法律事件，公司的法律责任人称为"法人代表"。而企业破产则是一堆法律事件构成的法律事件集合，用更加通俗的说法就是，当创业开始时就要不停地惹上官司，尤其是企业破产的时候更是如此。每一位读者在准备创业或者已经开始创业的时候，都需要熟读《中华人民共和国公司法》（以下简称公司法），或者聘请专业的律师，以便在做每一个重要决策时先找律师商讨。

相关内容过于庞杂，远远超出了本书讨论的范畴，这里仅仅针对一个点进行简单的讨论，即有限责任公司。

在注册一个公司的时候会有几个选项，即有限责任公司、股份有限公司、有限合伙企业、个人独资企业等。对于普通的创业者，可以选择有限责任公司。接下来要填写股东、注册资本等信息，股东的相关内容将在其他章节讨论，这里的注册资本大家需要谨慎对待。

注册资本分为两种，即实缴和认缴，实缴是指必须在注册的时候实际缴纳注册资本。2013年公司法改革后，基本上都按照认缴进行资本注册，意思是股东承诺缴这么多，100年内缴清都是可以的。但是注册资本具体写多少？这就涉及一个概念——有限责任公司。

举一个通俗的例子，新公司的注册资本写1000万元是没有任何问题的，股东有三位，分别是A、B、C，他们各占40%、30%、30%的股份，那么按照比例，他们分别需要给公司打入400万元、300万元和300万元的注资款，这些钱在注册的时候可以认缴而不是实缴，也就是说不用真正打钱到公司账户。但是，如果公司经营不善，结算公司所有财产后，欠款还有2500万元，公司申请破产，那么按照有限责任公司的定义，公司只需赔付最高不超过注册资本1000万元，另外的1500万元欠款在破产时就不用还了。这是公司法对投资人的保护，以激励公司进行开拓性的商业行为。

但是，很多有限责任公司都不能按照这个流程执行破产，因为按照公司法规定，如果出现了违背公司资本充实和财产独立原则、公司资产与股东个人资产混同等情况，就会很容易被判责任追偿。例如，拿公司的钱给自己购买手机、购买计算机，甚至购买汽车，都属于这种情况。也就是说，如果公司破产，股东很容易背上一大笔债务，数目甚至比注册资本还要高，尤其是在财务混乱的情况下。而对于第一次创业的大学生来说，财务混乱是不可能避免的。

2023年12月29日，第十四届全国人民代表大会常务委员会第七次会议通过了新修订的公司法，2024年7月1日起施行。这次修订变更了很多内容，其中规定了公司注册认缴的金额需在五年内实缴，也规定了公司的股东追责会横向穿透（即同一个股东开有多家公司，公司之间也会有连带的债务责任）。新的认缴制度是介于当场验资实缴与完全自由认缴之间的一种模式，主要是为了避免空壳公司占用和转移公共资源，横向穿透也防止了一些企业主恶意逃债。这是对企业的一种更严格的约束，所以创业者需要更加谨慎地注册公司。

总而言之，大学生在创业时要认清自己的不足。开始创业的软件工程专业的学生必须尽快掌握相应的基本法律知识，对于什么能做、什么不能做要有一定程度的认知。

2. 关于创业失败的边界

在求解微积分方程时，边界条件是非常重要的。在数理逻辑中，首先也要划清论域（domain of discourse）。前文给出的创业失败的定义——所创办的企业倒闭，这种描述并不清晰。例如，某人创办的企业并未倒闭，反而呈良性发展，但是其个人被迫离开公司，那么，这算创业失败吗？

大家不要觉得这个例子很离奇，实际上这种事情在创业道路上比比皆是。以美国著名的企业家乔布斯为例[3]，1985年4月经由董事会决议，乔布斯自己创建的苹果公司撤销了乔布斯的经营大权，乔布斯几次想夺回权力均未成功，于是在 1985 年 9 月 17 日离开了苹果公司。大家现在熟悉的苹果公司是乔布斯 1996 年回归后实施一系列举措的结果。

创业失败的边界并不清晰，个人和自己创办的企业应该共同成长，但是生活中总是有各种意外，企业走向成功而个人却面临失败的例子数不胜数。

我们还可以假设一种相反的情况，如果公司倒闭，但是个人赚了很多合法（可能未必合理）的金钱，这算创业失败还是创业成功？

3.1.2 创业成功的定义

"什么叫成功？顺手拿过来一本《现代汉语词典》，上面写道：'成功，获得预期的结果。'言简意赅，明白之至。但是，谈到'预期'，则错综复杂，纷纭混乱。"这是季羡林的一篇散文[4]里的话。这篇文章主要谈成功的要素，本书则把重心放在"预期"上。

按照熟悉的分析问题的方法，首先，什么叫作"预期"？"预期"很显然是一个主观词语而非一种客观描述。对于主观和客观，读者在学习数理逻辑后应该对其有基本的了解。对于创业者而言，如果对主观和客观没有清晰的认识，就会出大问题。这里借美国在这方面的教育来说明，大家可以对照一下自己的情况。

美国的孩子在幼儿园阶段最先学习的就是 Fact 和 Opinion，即要分清哪些是事实、哪些是观点。譬如苹果是水果，这是事实，苹果很好吃，这就是观点。这样到大学里学习数理逻辑时就很顺畅。

回到成功的概念。因为成功就是"达到预期的结果"，"预期"是主观词语，是观点，不是事实，那么整个成功的概念就是主观概念。因此，这里只要弄清"预期"的概念，就能弄清"成功"的概念，进而弄清"创业成功"的概念。

一个创业者创业的初心是什么？或者说预期是什么？是就业、挣钱、学习还是解决别人就业？一旦定义了这个预期，判断创业成功与否就很容易了。

之所以强调不忘初心，是因为初心很难坚持而且会发生变化。聚焦到创业上，具体会是什么情况呢？

根据马斯洛的需求层次理论，人类具有一些先天需求，一个人的需求越低级，他与动物就越相似，高级的需求为人类所特有。同时，这些需求都是按照先后顺序出现的，当较低级的需求被满足之后，才会出现较高级的需求。人类的各种需求一般按照生理需求、安全需求、社交需求、尊重需求和自我实现需求的顺序出现，如图 3-1 所示，但不一定全部按照此顺序出现。

在创业的预期中，对创业者个人以及创业公司的分析如表 3-1 所示。从表 3-1 的对应关系来看，创业是一件清晰的事情，创业成功也很容易界定：同时满

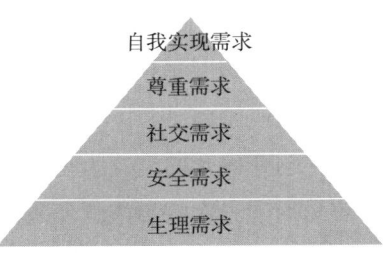

图 3-1 马斯洛需求层次

足以上预期,就是创业成功。但是人类社会的竞争过于激烈,人人达到自我实现的预期是不可能的。同理,可以通过以下新闻和数据来感受创业公司实现上市的概率。

表 3-1 创业预期层次

层次	对创业者而言	对创业公司而言
生理需求	赚的钱足够支持基本生活	现金流勉强没有断裂
安全需求	不失业	公司运营正常,业务稳定,现金流良好
社交需求	通过创业不断学习,认识高质量的伙伴、可敬的竞争对手等	积极参与产业链,与上下游企业的关系良好
尊重需求	大家认为你是一个成功的创业者	成为较为成功的公司,在业内有一定名气
自我实现需求	解决其他人的就业问题,为国家 GDP 做贡献	上市

2023 年 6 月 15 日,工业和信息化部举行"第十八届中国国际中小企业博览会和第二届中小企业国际合作高峰论坛"新闻发布会,工信部副部长在会上介绍道:截至 2022 年末,中国中小微企业数量已超过 5200 万户。同时,截至 2022 年 12 月,我国共有 A 股上市公司约 5000 家,即大概不到万分之一的企业完成了"自我实现"。

所以创业者一定要放平心态,不断反思,回顾自己的创业初心,尤其是大学生创业者,最好把创业初心设置成社交需求,也就是以学习为主,而不要把目标设置为定义含糊不清的"财务自由"。

"财务自由"不是一个客观概念,而是一个主观概念。问 10 个人要多少钱才能实现财务自由,每个人的回答都不一样,是 500 万元、1000 万元、1 亿元还是 10 亿元?这种区别无法用偏差来掩盖。所以财务自由的概念很容易发生变化,以此作为创业目标就会偏离初心。

为什么也不建议读者以生理需求和安全需求来作为创业初心呢?原因很简单,如果以满足这两个低级需求作为创业初心,那么打工比创业更容易。网络上有这样一段话:"关于做企业,有人算了笔账。企业一年有 300 万元的营业额,毛利 100 万元,扣除按开票算的各项税大概 25 万元,剩 75 万元,再扣除 25% 所得税,剩下约 56 万元。你把钱从公司拿出来花,作为股东再扣除 35% 个税,剩 36 万元。有能力做年收入 300 万元公司的老板,我相信去大公司一年拿 36 万元不是问题,还没风险。"

假如有读者说:"小规模纳税人的增值税征收率为 3%,小微企业的所得税为 10%,所以怎么会有这么高的税?"或者说:"做企业很难,账不是这么算的。"或者说:"有 100 万元的毛利润,不是一般的难……还要算回款、流动资金、投入设备……"那么恭喜这几位读者,他们已经领先一步,知道了不少创业的实战知识。从另一个角度来说,已经算创业成功了。

将创业的预期设置为拓展知识面和人脉,不仅可操作性强,还能保持平常心,从而不容易因为一次招标失败而灰心丧气、因为一名核心员工离职而愤愤不平、因为资金链断裂而惶恐不安,更不容易因为公司运行不下去而感到绝望。

然而创业需要启动资金，在创业前进行充分的调研和求证，可以避免白白浪费启动资金。所以这里再次强调，创业需要非常谨慎。有了这个态度，才能迈入真正的创业之路。

3.2 创业的关键要素

前面讨论了创业成功和失败的定义，现在看看影响创业的要素。倘若读者觉得不知从哪里着手，就要开始构建自己的方法论，再通过方法论找到创业的要素。

3.2.1 方法论

方法论是指关于认识世界、改造世界的根本方法的学说。通俗来说，世界观主要解决世界"是什么"的问题，方法论主要解决"怎么办"的问题。方法论对创业极为重要，因为创业者在创业过程中的每一个关键时刻都是茫然面对不可知。华为老总任正非先生在内部讲话中曾引用德国著名军事家克劳塞维茨的《战争论》中的话："什么叫领袖？要在茫茫的黑暗中，把自己的心拿出来燃烧，发出生命的微光，带领队伍走向胜利。战争打到一塌糊涂的时候，将领的作用是什么？就是用自己发出的微光，带领队伍前进。"那么如何做到在茫茫的黑暗中带领队伍前进呢？首先就要有扎实的方法论。

方法论的形成与个人经历和智慧息息相关，每个人都不一样，这里介绍两种易于操作的方法论：目标分解、迁移学习。

1. 目标分解

目标分解（target decomposition）是指将总体目标在纵向、横向或时序上分解到各层次、各部门以至具体的人，形成目标体系的过程。这听起来比较复杂，可以看一个有意思的例子：如何把大象塞进冰箱。

众所周知，把大象塞进冰箱需要三个步骤。

1）把冰箱门打开。

2）把大象放进去。

3）把冰箱门关上。

这个笑话曾出现在春节联欢晚会的小品中。这里可以从这个例子中提取有用的知识。"把大象塞进冰箱"是一个目标，该目标被分解为三个步骤，这看起来并没任何作用，但是接下来我们会考虑如何把大象放进去，是切片还是找一个非常大的冰箱，比如冷库？再考虑这是不是一个脑筋急转弯的问题，就不像刚开始那样完全不知道从何入手了。

在开始时目标分解提供的可能不是一种具体的解决方案，而是将人的思维切换到一种有条理的模式（pattern），对天马行空的想象力加以约束，让大脑成为有效的算力。另外，目标分解也能起到第一推动作用，把阻碍思考的静态摩擦力变为动态摩擦力，从而加快问题的解决。

2. 迁移学习

对于迁移学习（transfer learning），国际顶级期刊 *TKDE* 的一篇高引论文[5]中给出了比较好理解的定义："mission of transfer learning: the ability of a system to recognize and apply knowledge and skills learned in previous tasks to novel tasks. In this definition, transfer learning aims to extract the knowledge from one or more source tasks and applies the knowledge to a target task."大概意思是运用已有领域的研究结果，来促进新领域相关的研究。更严格的数学定义以及公式不是本科生的能力范围，这里用一个具体的例子来进行介绍。

一位数学家的妻子让他烧开水，怕他不会烧，就嘱咐说："拿个空壶，装满水，放在炉子上烧开就行了。"妻子走后，数学家发现壶里面已经有了半壶水。于是，作为一个数学家，他倒掉了那半壶水，再装满水，然后把壶放炉子上了。

很多人也是把这个故事当笑话听，大部分人都会说，为什么不直接把半壶水装满呢？但实际上，这是非常深刻的方法论的问题，可用来解释"化归"的数学方法。所谓"化归"，是指把未知的、待解决的问题转化为已知的、已解决的问题，从而解决问题的过程。

按照数学家理解的妻子烧开水的方法：①烧开水需要一个空壶；②把壶装满水；③把壶放到炉子上。而数学家面对的情况是一个半满的壶，第一个条件就不满足，相当于面对一个新的未解决的问题。经过严格逻辑思维训练的数学家的想法是将这个未解决的问题转化为一个已解决的问题——只要把半壶水倒掉，就能得到一个空壶，按照妻子的方法就能烧好开水了。

在这里，我们使用刚刚讲述的方法论来讨论创业的关键要素。首先使用迁移学习的方法，对比一下古往今来与创业类似的事情，看一看这些事情的关键要素，比如王朝的更迭。每一次王朝的更迭都可以被视作一个巨大的创业项目，最后的胜利者中，既有唐太宗李世民这样的世家子弟，也有明太祖朱元璋这样的贫民之子。但是如果需要总结成功的要素，那么很多人都能说出那句经典的台词：天时、地利、人和。

接下来我们使用目标分解的方法，讨论天时、地利、人和在一个普通的创业项目中分别表示什么，以及创业者如何把握这些要素。

3.2.2 天时、地利、人和

1. 天时——时间维度上的特殊性

对于创业来说，天时是指生产力发展水平、生产关系的变化、当前国家的宏观政策、资本市场支持等。这些因素中的每一个发生微小的变动，都会给创业者带来巨大的风险以及对应的机遇。

宏观地说，就是"我们的时代需要什么样的创业"。如果创业的成果——产品或者服务落后于时代，企业是很难生存的。另外，过于领先时代也会为创业带来风险。下面举几个例子。

例如，假设在2010年左右，某人设计了一款手机App，该App可以实现用手机的摄像头来分辨人民币的真假，取代验钞机。这款App看起来可能会有很大的市场，因为大家都需要它。但当时的摄像头像素和图像分析算法都不够成熟，这个App无法实现。到了2020年，相关技术已经成熟，但是这款App在我国很可能会失败，因为在ToC市场上，大家几乎都在使用手机支付工具，很少使用现金，因此这款App不能被广泛使用。由此可知，发生变化的是时代，是一种大势，也就是天时。

又例如，2018年以来，方便面市场慢慢变得不景气，主要原因有以下几个：外卖变得越来越便利，蚕食了居家客户的方便面市场；高铁慢慢取代绿皮火车，又蚕食了旅行客户的方便面市场。但读者能清楚地看到，外卖和高铁都没有将方便面作为竞争对手，只是作为中国互联网经济和基础建设的代表，挤压了其他行业的生存空间。如果这个时候进行方便面行业的创业，成功率会很低。

以上两个例子都是滞后于时代的事件，下面再举两个领先于时代的例子。

星链是美国太空探索技术公司计划推出的一项通过低地轨道卫星群提供覆盖全球的高速互联网接入服务的项目。作为与华为5G相抗衡的技术，星链在美国甚至全世界都炙手可热。然而，类似的构想早在20世纪90年代就有人进行了探索和实施，即摩托罗拉的铱星计划。铱星计划是美国摩托罗拉公司设计的全球移动通信系统，它的天上部分是运行在7条轨道上的卫星，每条轨道上均匀分布11颗卫星，组成一个完整的星座。它们就像化学元素铱（Ir）原子核外的77个电子围绕其运转一样，因此被称为铱星。铱星计划的目的是让用户从世界任何地方都可以打电话。然而这个计划过于超前，导致在市场推广、成本控制等诸多方面出现了困难。1999年3月17日，摩托罗拉控股的铱星公司正式宣布破产，铱星系统从正式宣布投入使用到终止使用不足半年的时间，企业亏损数十亿美元。当时手机界的霸主摩托罗拉公司也因此遭受重创。

如今个人计算机基本上都是64位的CPU和操作系统。由于32位的CPU和操作系统最多只能寻址4GB的空间，所以体现在现实中就是最多只能支持4GB的内存，这无疑是计算机技术发展的极大制约。Intel和AMD这两家通用CPU生产商在很早的时候就开始了64位CPU的研发。Intel从1994年开始和HP共同研发新的64位指令集架构以及CPU，来应对CPU市场竞争。然而，Intel所提出的64位CPU，其指令集架构和旧的x86截然不同，这将导致原有的程序无法在新的Intel CPU上执行。AMD则在2003年推出了x86架构下的64位CPU。这两者的研发结果都不理想，Intel彻底放弃了自己和HP共同研发的架构，AMD则是市场份额一直下降，直到研发出Ryzen架构，市场份额才开始有所回升。

不难发现，即使是实力雄厚的大型高科技企业，在时代的浪潮下也是渺小的；反之，如果顺应了时代，好的想法就容易变成好的创业项目。正如小米公司的创始人雷军所说：站在风口上，猪都能飞起来。当然，对于以后怎么壮大、怎么落地就是另外一回事了。

从另一个角度看，不同的时代需要不同的创业还体现在规则的演变上。改革开放初期，人们常常把脱离稳定的工作去创业经商称为"下海"，这个比喻非常贴切。"海"这个概念包含以下几层意思：它离我们并不远；它意味着未知；在海里游泳和在岸上走路是完全不同的，出现失误就会沉下去。所以"下海"成为改革开放初期规则较为混乱的情况下创业的真实写照。

随着市场经济制度的不断完善，"下海"已经不像当初那样，四顾茫茫，难以看见希望，而更像是在两岸寻觅一条最安全的路线，这时我国的创业便进入了寻找突破口，提出新想法并勇于尝试，失败了后果也不是那么严重的时期。

到了今天，创业已经发展成一项专业化、职业化的社会活动。打个比方，创业就类似于在游泳池中竞速，并且分成了蛙泳、仰泳、自由泳等不同的规范化的项目，有完整的体育规则，几乎不可能发生危及生命的意外。总而言之，创业这件事情与游泳一样，发生了以下演变：从活下来，到寻找机会，再到完成规定的动作并比谁快。

2. 地利——空间维度上的特殊性

创业时首先要注册公司，注册公司必须有一个注册地，这就是"地利"因素最直观的体现，当然地利所涵盖的内容远不止于此。

初次创业的创业者可能并不能自由选择注册地。比如一个学生在广州毕业，如果要创业，多半就要在广州和老家城市两者中选择一个作为注册地；如果一个学生在上海毕业，没有特殊原因也不会跑到一个陌生的城市创业。可能创业者之前就想好了要进行哪个方向的创业，但也需要考虑注册地的因素。

作为首都，北京有着全国最多的人才和最充沛的资源，科技企业竞争激烈，但是上限也高；上海是我国的金融之都，但凡投入巨大资金的门槛高的创业在这里都有更多的机会；广州作为广东省这一全国 GDP 绝对霸主的省会，各种工业企业繁多，要跟传统工业企业结合的创业最为合适；深圳目前被定义为创新之城，电子工业的产业链最为齐全，有新想法很快就能落地；杭州是我国互联网产业的发源地，也是基于互联网创业的首选。

当然，这些都是宏观趋势，具体到某个特别的点，变化就很多了。以广州为例，广州又分为天河、越秀、黄埔、白云等多个区，每个区的特色产业和重点扶持的方向也不一样，对于软件产业，软件当中又分成基础软件（操作系统、数据库、中间件等）、应用软件（游戏软件、教育软件、生活应用）等，需要创业者自己进行调研。

3. 人和——主观维度的特殊性

创业是一个长期而复杂的过程，往往在创业之初，你想做一件事，暂且把它称为 A，做着做着，做成了 B，最后是一个当初不起眼的附带产品 C 让公司维持运营并继续发展。这个"创业 ABC"的过程，对创业者尤其是第一次创业的创业者而言，是极其痛苦的。在这个痛苦的过程中，有人来共同面对是很幸运的。尤其是一次次失利、反转、被迫改变的过程，最好不要一个人承担。创业的伙伴（专业的说法是"合伙人"）就是这样的角色。这也是"人和"因素的突出体现。

初期合伙人的选择非常重要，一般而言遵从以下几个原则：第一是互补原则，第二是冲突管理原则，第三是融资原则。

互补原则指的是合伙人之间在专长、性格等方面要互补。专长方面的互补很好理解，第 2 章讨论了 IT 创新型人才和 IT 创业型人才，既然要创业，那么团队中至少要有一个创业型人才，创业型人才在专业知识方面可能会有短板，所以正常情况下还需要至少一名 IT 创新型人才，这就形成了专长上的互补。在无数的创业案例中都可以发现这样的组合：一个人负责技术，一个人负责市场；一个人主内，一个人主外。性格互补是指两人的性格不同，只有合伙人在性格方面外向和内向、冒险和谨慎都具备，才能使创业既不会因为激进导致崩盘，也不会错失良机。

由互补原则衍生出来的是冲突管理原则。首先人都是复杂的动物，想法多变，在极端环境下更是如此。两个或几个人合作做事情，专长和性格都不一致，那么矛盾和冲突是必然会发生的。如果一个创业团队内部没有过争吵，那么只能说这还不是一个合格的团队。创业团队内部观点不同很正常，以"创业 ABC"为例，从 A 到 B，从 B 到 C，每一次的转变必然都是一个人先发现并提出来，大家讨论以后再达成一致。所以创业团队必须在公司创建之初矛盾还没有凸显的时候制定一些冲突管理的原则，即遇到问题时应该怎么办。其实在注册公司的时候，创业者必须提交一份公司章程，这份章程即冲突管理原则，也是国家对创业者的提醒。可能有读者会想，在创业初期进行一些简单的冲突管理就可以了，譬如老生常谈的"对事不对人""不要提破坏性的意见""多提建设性的意见"等。事实证明这些是靠不住的，认真设置公司章程并严格按照公司章程办事和解决冲突才是根本之道。美国著名的企业家洛克菲勒有句名言："建立在商业基础上的友谊永远比建立在友谊基础上的商业更重要。"

如果正确地执行了前两条原则，那么或许企业发展势头良好，能够（或者必须）进行融资了，就需要参考融资原则。每个创业团队对融资的态度和融资的原则都不一样，但是最好在初期就能达成共识，否则"财帛动人心"可不是一句空话。

一些曾经体会过融资的酸甜苦辣的创业者给出的建议是：如果能不融资，就坚决不要融资。读者会觉得有些困惑："不融资，我创业干什么？"或者"不融资怎么创业？"其实这个建议不无道理。

众所周知，融资的资金一般来自风险投资，简称风投，这是一种高风险、高回报的投资，风险高到有 90%～99% 的概率颗粒无收。按照数学期望，收益应该达到资本的 10～100 倍，才会有人去做这件事。用直白的语言来描述，融资其实就是一种借钱的方式，比如融资了 100 万元，占公司 10% 的股份，那么公司估值已经达 1000 万元，听起来很美好。但是换个角度来看，这相当于借了别人 100 万元，如果公司倒闭，这 100 万元也不用还了，如果公司发展得好，那么要还款 1000 万～1 亿元。再换个角度来看，风投是资本的钱，而善于使用资本的人都称为"资本家"。当然，如果公司的产品确实有一定价值，但是又发不出工资，这时就不得不融资了。事实上，这种情况才是对创业者最大的考验。

将融资问题放到"人和"这部分介绍，还有一个现实原因：如果发生了融资，那么资本的代言人也会成为合伙人，这就意味着董事会里又多了不同的声音。2.3 节对 CEO 进行了讨论，由于创业者往往是自己公司的 CEO 兼董事长，因此与董事会中的成员进行沟通也是 CEO 的工作，为了保证公司正常运作，董事会中不同的声音越多，创业者需要自己去解决冲突的对象就越多。

3.2.3　知名企业家的方法论

在介绍方法论的一些理论内容后，我们可以看看一些知名的企业家如何在实践中发展自己的方法论。每个创业产品或者项目的成功都不是偶然的，也不会由单一因素决定。我们在创业之前可以跟着一些国内外的行业领军人物，学习他们的产品方法论，并从中总结出适合自己的方法。

1. 乔布斯的产品方法论

乔布斯是苹果公司的创始人和前 CEO，也是苹果公司最出色的产品经理，他提出了许多在当时非常独特的产品方法论。以下是乔布斯产品方法论的几个要点。

（1）用户体验

乔布斯认为，设计和用户体验应该是产品开发的中心，而不只是功能和技术。他经常强调产品的美观和易用性，认为只有这样才能赢得用户的信任和忠诚。

（2）简化产品

乔布斯非常注重产品的简洁性和易用性，他经常强调产品需要通过削减不必要的功能来让用户更容易使用。他说："我们并不是让顾客知道他们需要什么，我们是要给他们一些东西，让他们觉得他们需要的东西就在那里。"

（3）设计思维

乔布斯认为，设计思维是成功产品的关键。他经常会亲自参与产品设计和开发过程，确保产品的每个细节都符合他的高标准。

（4）专注做好一件事情

乔布斯喜欢专注于一些重要的事情，并花费大量时间和精力去完成它们。他不赞成苹果开发过多的产品，而是希望苹果能够专注于几款优秀的产品，并尽可能把它们做到最好。

（5）持续革新

乔布斯非常注重持续革新，他经常在产品中引入新技术和新功能。他的信仰是，如果你不去创新，你就会被别人取代。

2. 马斯克的产品方法论

埃隆·马斯克是一位非常成功的连续创业者和企业家，他领导的企业包括特斯拉、SpaceX、SolarCity、星链等，其中大部分都非常成功。以下是马斯克产品方法论的一些要点。

（1）设立极具挑战性的愿景和目标

马斯克总是有一个大胆的愿景和目标，比如建立可持续能源的未来或把人类送上火星。他认为，这些目标可以激励并推动公司和员工朝着更高的目标努力。马斯克经常鼓励员工寻找新的创新和突破。他认为，只有通过创新才能不断推动企业和产业的发展。

（2）第一性原理

第一性原理源于哲学家亚里士多德，他认为人类在认识事物时，需要通过分析、研究和思考得出关于宇宙和自然现象的基本原理，这些基本原理即为第一性原理。马斯克将这种思考方式引入了商业创新领域。在马斯克的理念中，第一性原理是指将一个问题拆解为最基本的因素，然后重新组合这些因素以得出一个全新的解决方案。这种方法极具创新性，可以帮助人们超越传统思维模式和局限性。例如，马斯克在创办特斯拉时曾面临电动汽车成本高昂的问题，传统思维认为电池的成本难以降低，但马斯克基于第一性原理将问题拆解为最基本的因素，即电池成本的构成和制造过程，然后重新组合这些因素以得出一种全新的电池制造技术，从而降低了电池成本。

（3）高度自动化和智能化

马斯克非常注重自动化和智能化，他认为，这是实现可持续发展的关键。他在特斯拉和 SpaceX 中都采用了大量的自动化和智能化技术来提高生产效率和产品质量。

（4）高效的团队合作

马斯克非常注重高效的团队合作，他鼓励员工相互协作，追求协同效应。他认为，一个高效的团队可以更快地实现目标，并带来更好的成果。

（5）用户至上

马斯克也强调用户至上，他认为，产品的成功与否取决于用户的反馈和认可。他经常参与产品设计和开发过程，确保产品能够满足用户需求。

3. 马化腾的产品方法论

腾讯被公认为是中国最好的互联网产品公司之一，马化腾是腾讯公司的创始人和董事会主席,也是一位有影响力的产品思想家。他一直致力于推动腾讯产品的创新和发展。以下是马化腾的部分产品方法论。

(1) 重视用户的需求

马化腾一直强调要深入了解用户的真实需求,通过不断优化和改进产品来满足用户需求,为用户提供更好的体验和价值,一切产品和服务都应该围绕用户需求来设计和开发。了解用户最简单也最困难的技巧就是多多与用户进行沟通和交流。所以他也曾说过:"在研究用户需求上没有什么捷径可以走……产品经理每个月必须做 10 项用户调查,关注 100 个用户博客,收集并反馈 1000 条用户体验数据。这个方法看似很朴素,但行之极难,也很管用。"

(2) 重视用户体验

好产品要抓住用户的心,让产品自己召唤人,而不是靠广告或者推送。马化腾曾经说过"一秒变白痴"理论。他认为一个好的产品,技术和功能都不是最重要的,最重要的是从用户角度出发;真正好的产品经理,能够让自己瞬间变成一个白痴级的用户,变成一个挑剔的白痴用户。同时,腾讯也非常注意用户价值和商业价值之间的平衡,这一点在微信上体现得特别充分,微信至今并未进行任何商业收费,其朋友圈广告投放也非常有节制。

(3) 重视产品的核心能力

任何产品都有核心功能,其宗旨就是能帮助用户,满足用户某一方面的需求,如节省时间、解决问题、提升效率等。马化腾认为产品要把核心能力做到极致,不追求功能的多样性和复杂性,而是追求功能的精简和高效。有时候产品的核心能力还不只是功能,也包括性能。比如在 QQ 和 MSN 竞争时,腾讯敏锐地发现,很多用户选择 QQ 的理由是传输文件的速度快,这就是 QQ 的核心优势,腾讯将这个优势发挥到了极致。随后腾讯还研发了离线文件、超大附件等功能,这样即使传输超大文件也没有困难。QQ 通过将文件传输优势不断放大,最终在即时通信领域战胜了微软。

(4) 天天用自己的产品

要发现产品的不足,最简单的方法就是天天用自己的产品。产品经理只有更敏锐才能找出自己产品的不足之处。产品上线的时候坚持自己使用三个月,问题是有限的,一天解决一个问题,产品就会慢慢接近理想。产品经理不仅要安排专人去做,还要自己做,关键是要坚持做,直到一个产品基本成型。

(5) 重视借鉴和学习

腾讯特别擅长借鉴和学习其他优秀的产品和平台,但并不会盲目模仿或者跟风,而是找到自己的特色和差异化,并且适时进行超越。

4. 雷军的产品方法论

作为中国 IT 产业的代表人物,雷军用互联网思维手段,打造了一个个的优质产品,不断超越消费者预期,带领小米走向了辉煌。他曾在不同场合介绍他的七字产品秘诀,即专注、极致、口碑、快。下面我们对这七字秘诀进行重点剖析和解读。

（1）专注

雷军对专注的看法和乔布斯是一致的。任何企业的资源都是有限的，所以要"有所为，有所不为"。我们都知道切口越小，压强越大。所以，大到公司布局，小到定义一款产品，对于一个具体的业务目标，我们要做的就是不断收敛，找到并专注于能够解决核心问题的"最小切口"。那么确定这个最小切口的依据是什么呢？那就是企业的使命、愿景，它是一家企业最本源、最核心的行动指南，也是专注的大边界线。小米内部在讨论产品时常说"单点突破，逐步放大"，即一开始尽量聚焦到只解决用户一个迫切的需求，要解决的问题一句话就可以说清楚。解决的问题少，开发的速度快，容易控制初期的研发成本和风险，同时也容易和用户说清楚，推广和验证相对简单。当然，切口的选择最好有一定的普遍性，这决定了产品的未来前景。比如小米充电宝解决的问题就是"怎样获得大容量、质量可靠又便宜的充电宝"，这是一个小切口，同时又是一个普遍的需求。能够脱颖而出的创业公司往往一开始都足够锐利，做的事少而精。但企业成长到一定规模后，往往容易迷失方向。这时就要有意识地进行收敛，把当初"为什么出发"想清楚。当然雷军也反对一切教条主义，提出专注边缘要有灰度。专注是目标一致，而不是教条地钉死有限目标。在核心方向一致的情况下，要留有适当的灰度和空间，这样才能释放创新潜能，在业务边缘始终留有创新的空间和活力。

（2）极致

极致既是一种产品观，又是竞争策略，还是经营策略。极致就是做到自己能力的极限，做到别人做不到的高度。在自己专注的核心领域和方向上，不要"差不多"，没有"够好了"，要的是"再努力一把，能不能更好"。追求极致，说起来很容易，做起来很难。难的不是创造极致的过程，而是能发现很多司空见惯、熟视无睹的不美好、不完善，同时对这些不美好、不完善决不妥协、决不容忍。不断修改和打磨对小米的团队而言已经成为一种习惯，不到最后一刻，绝不停止思考和打磨。了不起的极致产品不是只靠一个天才的想法、一个突然出现的灵感就能做出来的，而是要经历长期的修改，一点一点地打磨出来。极致的产品有两个条件：一是产品要惊艳，设计要惊艳，成本也要惊艳；二是超出用户预期，真的能让用户尖叫。当然极致的前提是用对方向，如果追求极致的努力不在用户需要的正确方向上，或者不在公司专注的方向上，那么花费的力气越大，离理想产品越远，此时的极致只能沦为一种无用的"炫技"或者一种盲目的"自我感动"，只是一个华而不实的噱头。

（3）口碑

用户口碑是所有产品和企业成功最为重要的因素，口碑总是领先销量或利润一步。口碑一旦形成，就能自传播、自转化，对于产品改善、业务推进具有强大的推动力，而且这些推动力完全是免费的、可裂变的，是与产品和业务形成正循环的要件。良好的口碑从何而来？雷军的理解是，好产品不一定能带来口碑，便宜的产品不一定能带来口碑，又好又便宜的产品也不一定能带来口碑，只有超过预期的产品才能带来口碑。预期是一个相对值。每一位消费者在购买产品时，都有一个竞品平均表现的心理预估，这与具体产品的绝对价值或定位无关，可以是高端的、中端的，甚至入门级的，带来满足感的是这项服务超过了用户预期。所以，无论提供什么样的产品，都要致力于超过同行业或社会的普遍预期值。另外，口碑阈值的不断上升，其实是对用户价值长期稳定提升的倒逼机制，经营者需要不断拿出更好的产品和服务，才能维持良好的口碑。而规避"刻舟求剑"式失误的方法就是，不要犯观察与思考方面的"懒惰病"，要重视对行业动向、用户需求变化的洞察，注重对口碑变化的追踪与分析。如何洞察用户需求？要和用户交朋友，认真倾听用户的意见，深刻了解用户的需求，才能不断做出真正满足用户迫切需求，甚至是用户自己未能察觉的需求的好产品，才能赢得口碑。要注重口碑的多路交叉验证，打破"信息茧房"，排除各类主动或被动产生的干扰因素，尽可能多地捕捉口碑变化的真实细节。要区分对口碑的关注点。对核心用户群，关注"意见点"；对大众用户群，关注"印象面"。要直面真实的口碑。面对口碑，尤其是面对口碑的负向变化，一定不能讳疾忌医、掩耳盗铃。坦然面对口碑，要做好准备挨最惨的骂，然后做最快的改善动作。只有做到这些，才可以形成口碑的正向循环。

（4）快

"天下武功，唯快不破。"快意味着公司具有更高的效率、更强的洞察力、更好的行业适应性、更坚韧的生命力和更持续的创新能力。"快"作为一种素养，它的实现本身更是一种突出的系统能力。我们可以把快的四种能力总结为：洞察快、响应快、决策快、改善快。快不是凭空冒出来的，不是喊口号和讲道理喊出来的，也不是光靠想快起来的意愿就能实现的，它来自充满进取心和热情的团队，来自严整而持久的流程和方法支持，来自创新的思路和工具，来自与用户亲密无间的接触和反馈。当然，也不能为了追求快而疏忽重要的战略思考。当公司处于创业初期时，每一个举动都可以很快。但是随着业务的拓展，可供选择的机会多了，这时绝不能因为一味图快而含糊、轻率地跨过重要的战略决策点。很多当下看似正确的选择，日后却可能将公司引向截然不同的道路。为了更底层的坚定原则和更长远的发展，有局部的、阶段性的慢，才有全局的快。

小结

本章对创新创业的成功要素进行讨论。首先讨论了什么叫作创业成功和创业失败，也就是如何在一个时间节点评判自己的创业行为，如何不忘初心地走下去。接下来介绍了一些方法论，并用这种理论推导出创业的天时、地利、人和这几个要素。最后给出了一些创新创业前辈们自己创立或者信奉的方法论，给广大创业者以启发。

参考文献

[1] 国家发展和改革委员会. 2020年中国大众创业万众创新发展报告[M]. 北京：人民出版社，2021.
[2] 于洪. 现代英国有限责任公司制度的确立[J]. 吉林大学社会科学学报，2022，2：200-210.
[3] 艾萨克森. 史蒂夫·乔布斯传[M]. 管延圻，等译. 北京：中信出版社，2011.
[4] 姚娟. 流行哲理小品：中国卷[M]. 北京：中国三峡出版社，2007.
[5] PAN S J, YANG Q. A survey on transfer learning[J]. IEEE Transactions on Knowledge and Data Engineering, 2010, 22(10): 1345-1359.

习题

1. 创业成功和失败是如何定义的？每个人的定义是否都一样？
2. 对于创业公司而言，有哪些阶段性的标志？
3. 目标分解法和迁移学习法在实际中有哪些例子？
4. 把创业要素归纳为天时、地利、人和，具体而言，在创业中它们分别指的是什么？

思考题

1. 以手机行业的知名企业（摩托罗拉、诺基亚、苹果、华为等）为例，分析天时在创业中起到的作用。
2. 分析各个省份出台的支持创新和创业的文件，它们有哪些地域特色？

第 4 章 IT 创新创业过程

目前很多知名的公司，在创业初期就敏锐地发现了用户的需求痛点，从一款创新软件产品开始创业直至成为知名企业。对软件工程专业的学生来说，用所学的软件技术创业试错成本小并能够学以致用，可以充分发挥软件工程的专业优势。但是我国大多数高校并没有针对 IT 领域创新创业设立专门的课程，也很少有计算机软件专业开设产品设计课程。本章以创新创业的过程为线索，介绍如何从获取产品创意开始，运用产品方法论进行产品的规划、设计，以及如何做好产品运营，写好创业计划书以获取融资。

4.1 寻找创新创业方向

4.1.1 IT 创新领域

"科技与 IT"已成为渗透到当下中国各个行业领域以及社会发展方方面面的重要议题。一方面，越来越多的传统企业通过与新兴科技的深度结合赋能生产的数字化转型升级，另一方面，体现新业务和新模式的 IT 科技企业不断涌现。根据艾瑞咨询研究院在 2022 年完成的《2022 年中国科技与 IT 十大趋势》报告[1]中的分析，科技与 IT 将有以下发展趋势。

（1）现实世界全面软化，形成"数字虫洞"

构成物理世界的一切要素将被数字模拟和重构。数字技术将逐步对现实世界的一切组成部分（包括物质、关系和思维）进行模拟和重构，从而实现数据的溯源和预测以及场景的再现和预演。以大数据为燃料、人工智能为催化剂、云计算为基石，叠加物联网、5G 网络、区块链等技术，构建基于现实世界的全方位数据体系。

（2）云服务普惠化迈向新阶段

"信息管理一体化"取代狭义 DevOps，云服务化繁为简，使用门槛不断降低，伴随着"低代码""无代码"等概念的推广，云服务的普惠能力将迈入新的广度和深度。

- 在企业组织形态上，以 DevOps 为代表的"云原生部门"将逐步拓展至非 IT 领域，加速形成"信息管理一体化"；
- 在个人能力边界上，云产品将以更"亲民"的形态，降低企业管理者和普通用户的使用门槛，让无技术背景的个人用户也可以通过使用云工具，实现个人 IT 能力的重塑。

（3）边缘云计算步入新流量之争

算力革命推动云产业开启新周期，边缘节点将成为未来云厂商话语权的决定性因素。5G 被公认为边缘计算时代最重要的网络技术，5G 用户面功能下沉使边缘云节点可以灵活部署在不同的网络位置，边缘云时代的到来将促进 5G 行业应用的商业化落地。

（4）大数据智能化浪潮

云数智的超融合发展，将带来云资源、数据资源和 AI 能力的极致解耦与弹性协同，混合云可以拉通云服务调用、数据管理、AI 模型训练及算法迭代等全链路资源后，在底层让云资源调配更加灵活，在数据层与 AI 平台高效融合，在开发层实现敏捷式开发的质效提升，为企业提供从开发到部署、端到端的一站式大数据智能服务，达到资源节约、敏捷开发与高质效落地的目的。

（5）低/无代码全面渗透，催化产业变革

受供需双方驱动，低/无代码迎来应用的高峰，以通用型低/无代码开发平台或者嵌入型方式，渗透到软件开发的各个领域，软件开发产业链条、IT 厂商商业模式和企业数字化转型的模式都在发生变革，整体产业将走向更"高效、赋能、创新"的新一轮发展曲线。部分低/无代码独立厂商的服务范畴已经从简单的"业务流程管理、前端开发"拓展到"数据治理、企业运营系统"，形成了自己独立且高增长的赛道。

（6）IT 架构持续扁平化与去过程化

去过程化是指减少或完全去掉原始数据/原子能力与业务需求之间的中间数据/步骤，或使中间数据/步骤无须人为干预，自动化、智能化完成。其可实现架构的简单化、扁平化，同时可实现对业务需求的实时响应以及维持数字化系统的持续运行。

（7）从客户资源到客户体验

将客户视作资源或者流量来运营，客户旅程、客户体验等逐渐被接受，将传统的用户体验（功能、UI、交互等）和品牌宣传、营销推广、售后服务统一起来，为客户提供自始至终的一致体验。

（8）终端格局定中存变，谈颠覆性变革尚早

从 2G 到 5G 通信，在移动互联网时代，手机已稳坐个人智能终端霸主地位，用户对智能手机已形成惯性依赖。在芯片、储能、显示等底层技术实现实质性突破之前，"下一代计算平台""下一代生产力工具"短期内无法出现并全面取代手机的地位。然而，通过对手机功能的部分转移和延伸，形成辅助型智能硬件矩阵的"硬件铠甲"，全面丰富、强化用户的场景体验（影音娱乐、居家生活、外出运动等），是未来 3~5 年内个人智能终端有望大规模商业化的发展路径。

4.1.2　IT 创业方向

下面讨论一些大家比较熟悉且较为成熟的 IT 创业方向。由于这些创业方向实际上也

体现了 IT 与垂直领域相结合的创新，我们可以尝试从中找到软件工程在垂直领域的创新规律。

1. 电子商务

回顾近年来软件工程与垂直领域结合的发展，可以毫不犹豫地说，电子商务是软件工程一切创新的起点，是互联网爆炸式发展的直接产物，是互联网技术应用的全新发展趋势。

电子商务是指利用信息网络技术，以商品交换为中心的商务活动，也可以把它理解为在互联网、企业内部网和增值网上以电子交易方式进行交易和相关服务的活动，能够将传统商业活动中的各个环节电子化、网络化、信息化。以互联网为媒介的商业活动均属于电子商务的范畴。电子商务的本质是商务，目标是通过电子的方式来进行商务活动，所以它要服务于商务，并满足商务活动的各种要求，它是信息流、物流和货币流三个部分的有机结合。

电子商务有广义和狭义之分，具体介绍如下。

- 广义的电子商务（Electronic Business，EB）是指各行各业中各种业务的电子化、网络化，即通过电子手段进行的商业事务活动。从最初的电报、电话到电子邮件以及现在的 EDI（电子数据交换），都可以说是电子商务的某种形式。
- 狭义的电子商务（Electronic Commerce，EC）是指人们以计算机为基础进行商品交换的各种商务活动，包括商品和服务的提供者、广告商、消费者、中介商等有关各方行为的总和。商品可以是实体化的，如手机、空调，也可以是数字化的，如图片、软件、视频等，此外，还可以是各类服务，如远程教育、规划旅游等。

我国电子商务的发展始于 20 世纪 90 年代初期，它是以国家公共通信网络为基础、以国家金关工程为代表、以外经贸管理服务为主要内容逐步发展起来的。1996 年 2 月，中国国际电子商务中心成立；1997 年，国务院组建中国电子数据交换技术委员会，电子商务在我国正式启动；1999 年被确定为"政府上网年"；2000 年 6 月，中国电子商务协会成立，架起了国内外电子商务发展的桥梁。

自 2000 年以来，我国的电子商务网站（在线购物网站、网上书店、购票网站、在线教育网站、医疗保健网站等）和各种电子商务咨询、交易站点不断涌现，覆盖范围从北京、上海、广州等地区向主要沿海城市扩展。有关电子商务的法律、制度、实施纲要等相继出台，中国银行、中国建设银行、招商银行等相继推出了网上支付，我国政府积极支持并推动电子商务的发展，证券公司、金融结算机构等已成功进入电子商务领域，并进行了大量可靠的交易，中国的电子商务正进入繁荣阶段。同时，我国电子商务的发展根据地域分布的不同呈现出较为明显的差异，自东部沿海地区向西部内陆呈现明显的阶梯状分布特征，这种空间分布特征是多个因素循环累积的结果，也是我国经济发展与信息技术发展的局部体现。

软件工程理论和方法在电子商务网站的建设过程中起着举足轻重的作用，它在保证电子商务网站满足商家和用户的需求、正确支持各类交易和支付操作、以合理的成本并按进度完成网站建设、方便系统的日常维护和升级等方面都提供支撑。同时，软件工程与电子商务相结合的创新主要体现在交易技术方面，通过结合软件工程的新理论和新技术，可有效降低电子商务网站的开发成本、简化支付流程、优化用户体验、提高用户数量和交易次数，从而为电子商务公司注入更大的活力，扩展其增量市场。

2. OMO

OMO 即 Online Merge Offline，是指将线下的商务机会与互联网结合。得益于电子商务的快速发展，OMO 也得到了快速的推广和发展，可以认为得到 OMO 模式的过程是对电子商务的一次抽象，即通过互联网购买的不一定是一种产品，也可以是一种抽象的服务，而服务就代表着各式各样的商业机会。

为了让大家进一步了解 OMO，下面看一个有代表性的例子。

众所周知的诺基亚(Nokia)公司在 2000 年还是一家市值为 3030 亿欧元的手机巨头公司，然而到 2013 年 9 月，微软只用不到该公司 2000 年市值的 18%(即 54.54 亿欧元)就收购了这家企业。诺基亚作为一家拥有超过百年历史的企业，在大部分生命周期内，其盈收都是呈正增长的，但是它的衰败仅仅用了六年时间。虽然有人用"巨人倒下的时候，他的身体还是暖的"来形容诺基亚的衰亡，因为即便是在 iPhone 推出后两三年的时间里，诺基亚在智能手机市场上仍然占有举足轻重的地位。但时代的机会总是留给创新者与创造者的，诺基亚的失败有很多原因，其中一个很重要的原因就是缺乏迭代试错的精神和能力。诺基亚的决策缺乏市场根基，完全由企业高层制定，即便诺基亚的员工强烈要求进入 Android 环境，高管们仍然不为所动，坚定地执行单一 Windows Phone 平台策略，这正是导致诺基亚衰败的直接因素。

从诺基亚身上可以看到一个典型企业的传统运营方式：先通过决策研发和生成产品，企业的管理层预测市场需求，根据预测的需求制定产品策略，产品上市后进行对应的营销、销售工作。可以看到，这个过程中有以下两个关键环节。

- 产品的定义，也就是产品预测环节、用户需求预测环节能否更加准确。
- 用户的获取，即如何扩大用户数量、提升成交率。

这两个环节正是 OMO 需要考虑和解决的问题。

OMO 的概念非常广泛，例如，在"闲鱼"上卖一件个人闲置的物品，就属于 OMO 的一种方式，它利用线上的销售途径将线下的实体商品卖出去了。如果将 OMO 从个人扩展到企业，就成为企业的一种商业模式。

在传统的零售、快消、日化、餐饮等行业中，之前线上的业务实际上非常少，线上销售额能够占据品牌整体销售额10%的企业凤毛麟角，OMO就像一条腿粗、一条腿细的人，如果整个行业的企业都是这种一条腿走路的情况，自然不会有太大的问题，但一旦行业中出现了某些两条腿粗细相当的新兴企业，即使这个企业的两条腿加起来没有传统企业的一条粗腿粗，由于它具备平衡性，也可以更快地响应市场需求，以更灵活的方式实现营销，同时能真正了解客户需求。这无疑会为该企业带来强大的竞争力，使其迅速占领市场，打垮那些"两条腿不平衡、走路一瘸一拐"的企业。

因此，对于OMO更为精准的定义是：将线下的散点消费行为采集到线上来进行管理和消费，形成最后的客户。OMO的核心目标是将线下流量转化成为直接收益，并利用线上的生态环境为线下实体赋能，完成最后的数据闭环。

总之，OMO的核心理念是能更好地利用资源进行信息分发，提升固定客源的转化效率。OMO并不会改变上千年以来的商业本质，它所做的仅仅是利用新的技术和手段，让资源和用户进行更有效的连接，从而提升营销效率。

OMO电子商务的出现不可避免地会对传统销售模式造成巨大影响，并以前所未有的速度冲击着尚未改革的传统企业。自从2013年提出OMO的商业概念，到2015年OMO的发展黄金时期，创业较晚的OMO企业在细分领域中的竞争也愈发激烈。事实上，OMO的发展对于传统企业来说并不是一件坏事，很多采用传统线下模式的零售商紧跟时代潮流，相继进行了改革，通过开展线上业务取得了不错的收益，如沃尔玛就很好地整合了线上和线下两种营销模式，实现了资源的优化配置。所以，采用传统销售模式的企业要转型为OMO模式，主要是抓住以下两大机遇。

（1）紧跟"互联网+"时代步伐，网络购物市场快速发展

2024年3月22日，中国互联网络信息中心（CNNIC）在京发布第53次《中国互联网络发展状况统计报告》显示，截至2023年12月，我国网民规模达10.92亿人，较2022年12月新增网民2480万人，互联网普及率达77.5%，网络购物用户规模达9.15亿，网上外卖用户规模达5.45亿人。庞大的网民构成了中国蓬勃发展的网络消费市场，也为OMO的发展打下了坚实的用户基础。越来越多的传统销售企业开始思考如何扩展新的网络市场，以便将企业的现有资源优势与OMO模式相结合，创造更大的经济效益。

（2）OMO新型商务模式使消费者的购买行为发生变化

《商务部"十二五"电子商务发展指导意见》指出，引导网络零售企业优化供应链管理、提升客户消费体验，支持网络零售服务平台进一步扩展覆盖范围、创新服务模式；支持连锁企业、百货商场、专业市场等传统流通企业依托线下资源优势开展电子商务，实现线上线下资源的互补和应用协同。OMO是基于移动互联网的电子商务，可以利用互联网的便利性为自己提供盈利空间，借此抓住用户碎片化的时间，充分了解用户的消费需求，借助日新月异的智能手机功能，开发二维码扫描、面对面支付等功能，改变用户的消费习惯，为用户的购物生活带来便利。

由此可见，与其说 OMO 是一种创新的商业模式，不如说它是一股技术浪潮，是不同行业与互联网技术、软件技术深度结合的产物。这种创新深刻地改变了传统企业的经营方式和盈利模式，也带来了巨大的用户群体和商业利润。

3. 物联网及工业互联网

按照软件工程发展的模式对 OMO 进行进一步的拓展思考，可以发现其他有意思的问题。例如，互联网技术除了应用于商业的流通环节之外，是否可以应用到其他环节（如生产环节）？对于这个问题，可以看看当前正蓬勃发展的物联网以及工业互联网，它们就是将企业的生产过程与互联网技术相结合的典范。

工业互联网的概念是美国通用电气公司（GE）于 2012 年提出的[2]。工业互联网是全球工业系统与高级计算、分析、感应技术以及互联网连接和融合的结果，通过智能机器间的连接最终将人机连接，结合软件和大数据分析，重构全球工业、激发生产力，让世界的发展变得更美好、更快速、更安全、更经济。通俗地说，工业互联网是实现人、机、物全面互联的新型网络基础设施，是形成智能化发展的新兴业态和应用模式。

纵观世界工业发展史，每一次工业革命都是由某一项新技术引领的，如蒸汽机的发明引领了第一次工业革命，电力技术推动了第二次工业革命，晶体管、半导体技术和集成电路技术的发明、应用以及电子信息技术的发展催生了第三次工业革命，而以互联网技术在工业领域的运用为核心技术驱动力的第四次工业革命正悄然到来。我国不仅是民用互联网大国、互联网技术人才大国，同时也是全球工业容量大国，所以，在即将到来的第四次工业革命中，中国应该主动掌握话语权，确保自身在全球经济中的领先优势。

事实上，物联网、大数据、云计算、人工智能等新技术给制造业带来的红利都离不开工业互联网这个载体。在数据专家、算法专家等专业人才的努力下，许多成熟的互联网公司已经能够将这些新技术移植到工业企业。工业互联网自身就是信息技术和工业技术深度融合的产物，蕴含着强大的推动跨界创新的力量。

工业互联网作为制造业的创新平台，将影响制造业的所有环节，极大地改变整个产品生命周期的每一个阶段，包括产品的设计、制造、送达、销售、维护等。它在制造业企业数字化转型中发挥着核心支撑作用，有效帮助企业提高生产效率、降低成本。一方面，工业互联网能推动传统工业转型升级，让各种资源配置更加优化，提升工业经济效益；另一方面，工业互联网能加快新兴产业培育，催生拥有智能化生产、网络化协同、服务化延伸、个性化定制的诸多新产业。制造型企业的互联网化是我国从制造大国走向制造强国的重要一步，也是解决传统制造业设备和技术依赖进口、缺乏创新等问题的关键手段。工业互联网的普及，不应该造成"机器全面取代人工"的局面，而是帮助解决工人不愿从事简单重复的机械性工作的问题。

自 2018 年至今，全球工业互联网平台的市场规模平均每年增长 33%，我国工业互联网也处于快速增长阶段。广东万和新电气股份有限公司应用了工业互联网平台后，用人工智能技术在不同制造基地间进行任务协调和过程管控，用大数据技术对每月 150 万条数据进行采集、归档、分析。借助这个平台，万和新电气股份有限公司整体效率提升了 30% 以上，产品交付周期缩短了 20%，市场竞争力明显增强，年销售收入由 30 亿元增长到 40 亿元，同比增长 33%，原材料库存由 6700 万减少到 5200 万，同比下降 22.3%，取得了明显的经济效益，这就是工业互联网创下的"业绩"。

当前，新一轮科技改革和产业变革给制造业带来了巨大的发展机遇。随着持续的政策推动，信息化、智能化的工业发展趋势将引导中国从制造大国向制造强国转变。在这个过程中，工业互联网等基础设施将发挥重要支撑作用。

4. 大数据

如果说市场环节和生产环节可以充分利用互联网带来的便利，那么从理论上来说管理环节同样能在企业的信息化和软件服务业标准化的过程中受益。黄仁宇先生在其历史著作《万历十五年》中提到了"数目字管理"，由于当时我国的软件技术发展刚刚起步，因此引发了不少争议，"数目字管理"被认为是难以实现的。如今，随着数字化经济的蓬勃发展，各类信息技术在企业管理过程中发挥着越来越重要的作用，大数据技术就是目前应用最为广泛的新技术之一。

大数据技术是指从各种类型的数据中快速获取有价值信息的技术。大数据领域涌现出大量新的技术，它们已成为大数据采集、存储、管理、分析和解释的有力工具[3]。大数据处理的关键技术一般包括大数据采集、大数据存储和管理、大数据分析及挖掘、大数据解释和应用（大数据检索、大数据可视化、大数据应用、大数据安全等）。

目前，人们普遍倾向于认为大数据技术是一项用于处理和分析大量的半结构化、非结构化数据的技术，其主流技术是 Hadoop 系统及其相关技术元素，但是随着大数据应用的推广，人们发现这种认识相当片面。大数据应用涵盖对所有类型数据的分析和处理，需要注意的是，这不是单单依靠一种技术就可以实现的，而是需要一个统一的大数据平台来支撑。

因此，大数据技术应该包含对数据资源进行分析和处理的所有技术，包括传统的数据库技术、数据仓库技术、商业智能分析技术、可视化技术、以 Hadoop 系统为代表的新型数据处理和分析技术等。大数据及其技术的应用是一个综合的解决方案，是各种技术要素协作的结果。

大数据技术中的数据来源非常广泛且数据类型复杂多样，物联网、云计算、移动互联网、手机、计算机以及各种各样的传感器，都是其数据来源或承载的方式，因此对大数据的处理方式也随之千变万化。尽管如此，大数据的处理流程是一致的，可以概括为数据采集、数据集成与处理、数据分析与挖掘、数据解释四个步骤。在大数据处理流程中，核心的部分是对数据信息的处理。

Google 作为大数据技术应用最为广泛的互联网公司之一，在 2006 年率先提出了"云计算"的概念。所谓"云计算"，就是一种大规模的分布式模型，通过网络将抽象的、可伸缩的、便于管理的数据能源、服务、存储方式等传递给终端用户。根据维基百科的说法，狭义的云计算是指 IT 基础设施的交付和使用模式，通过网络以按照需求量的方式和易扩展的方式获得所需资源；广义的云计算是指服务的交付和使用模式，通过网络以按照需求量和易扩展的方式获得所需服务。云计算是大数据分析处理技术的核心原理，有兴趣的读者可以参考相关的专业书籍。

在当今信息爆炸的时代，大数据技术已经被广泛应用于商业金融、电力医疗、教育科研等领域。大数据技术未来的路还很长，需要用更加敏锐的洞察力对它进行分析和研究。

5. 人工智能

在人工智能（算法）领域进行相关创新研究和创业活动的人员，具有硕士与博士学历的人员的比例较高。这是因为算法和芯片领域对专业水平的要求比其他软件领域更高，同时，在该领域进行创业也需要更多的投入资金。

下面简单介绍人工智能和算法。

人工智能是一个很宽泛的话题，从普通的电子计算器到无人驾驶汽车，再到未来可能改变世界的重大变革，都与它密切相关，尤其是在科技飞速发展的今天，人们的日常生活与人工智能更是密不可分，大家每天都使用的互联网 App 早已使用了很多人工智能技术。

由 Stuart J.Russell 和 Peter Norvig 合著的经典教材《人工智能：一种现代方法》[4]是目前被高度认可的一本专著，该书将人工智能描述为类人行为、类人思考以及理性的行动，同时，也可以将其定义为研究和开发用于模拟、延伸和扩展人的智能的理论、方法、技术及应用系统的一门新的技术科学。

人工智能科学的主旨是研究和开发智能实体，从这个角度来说，它可以归类为工学。工学的基础学科不仅包括数学、逻辑学、归纳学、统计学、系统学、控制学、计算机科学等，还包括哲学、心理学、生物学等其他学科，可以说人工智能是一个集多门学科精华的尖端学科，是一门综合学科。

人工智能也是一门知识工程学科：以知识为对象，研究知识的获取、知识的表示方法和知识的使用。目前学术界将人工智能分为强人工智能和弱人工智能。强人工智能是指机器具有自我意识，要求机器有知觉、有意识，属于人类级别的人工智能，它是在各个方面都能和人类比肩的人工智能，人类能做的脑力劳动它都能做。弱人工智能是指没有知觉和意识的、擅长单个方面的人工智能，机器按照事先写好的程序工作，并不拥有智能，例如：谷歌是一个巨大的搜索弱人工智能，智能手机也是一个弱人工智能系统,垃圾邮箱过滤器也是经典的弱人工智能,还有能战胜象棋世界冠军的人工智能机器人等。

人工智能应用的领域非常广泛,包括机器人、语音识别、专家系统、图像识别、金融贸易等。人工智能技术是国家重点支持的八大高新技术领域之一,也是国家主导的发展方向,通过各位科学家科研成果的不断创新,越来越多的分支领域也会更加快速地发展,在医疗、教育、金融、航空航天、环境治理等与人类生活息息相关的各个方面都会发展到一个新的高度。

算法是指对解题方案的准确而完整的描述,是用于解决问题的一系列清晰的指令,算法代表用系统的方法描述解决问题的策略机制,也就是说在有限的时间内,对于一定规范的输入,获得所要求的输出。算法常用于计算、数据处理和自动推理。

(1)算法的 5 个重要特征

- 有穷性(finiteness)。算法的有穷性是指算法必须能在执行有限个步骤之后终止。
- 确切性(definiteness)。算法的每一个步骤必须有确切的定义。
- 输入项(input)。一个算法有 0 个或多个输入,以刻画运算对象的初始情况,所谓 0 个输入是指算法本身定义了初始条件。
- 输出项(output)。一个算法有一个或多个输出,以反映对输入数据加工后的结果。没有输出的算法是毫无意义的。
- 可行性(effectiveness)。算法中执行的任何计算步骤都是可以被分解为基本的可执行的操作步骤,即每个计算步骤都可以在有限时间内完成(也称为有效性)。

(2)算法的 4 个设计原则

- 正确性。算法的正确性是指算法至少应该在输入、输出和加工处理环节无歧义,能正确反映问题的需求,能够得到问题的正确答案。算法的正确性大体分为几个层次:算法程序没有语法错误;算法程序对于合法的输入数据能够产生满足要求的输出结果;算法程序对于非法的输入数据能够得出满足规格说明的结果;算法程序对于精心选择的甚至刁难的测试数据都有满足要求的输出结果。
- 可读性。算法设计的另一个目的是便于阅读、理解和交流。写代码一是为了计算机执行,二是为了便于他人阅读。
- 健壮性。当输入数据不合法时,算法也能做出相应处理,而不是产生异常或莫名其妙的结果。
- 时间效率高和存储量低。通常,算法的效率指的是算法的执行时间,算法的存储量指的是算法执行过程中所需要的最大存储空间,优秀的算法需要较高的执行效率和较低的存储占用,即时间和空间达到平衡。

(3)算法的设计方法

- 递归和递推。递归和递推是学习算法设计的第一步。递归是把大问题分解成相对较小的问题的过程，而递推就是从小问题逐步推导出大问题的过程。无论递归还是递推，都应该有初始状态。
- 搜索、枚举及剪枝。搜索在所有算法中既是最简单也是最复杂的算法。说它简单，是因为算法本身并不复杂，容易实现；说它复杂，是因为要对搜索的范围进行一定的控制，否则会出现超时等问题。搜索技术主要包括广度优先搜索和深度优先搜索。当其余算法都无法对问题进行求解时，搜索或许是唯一可用的方法。搜索是对问题的解空间进行遍历的过程。有时问题的解空间相当庞大，完全遍历解空间是不现实的，此时就必须充分发掘所包含的约束条件，在搜索过程中应用这些条件进行剪枝，从而减少搜索量。
- 动态规划（简称DP）。动态规划的特点是能够把很复杂的问题分解成一个个阶段来处理，动态规划必须符合以下两个特点：无后效性（一个状态的抉择不会影响到更大问题的状态的抉择）及最优性原理（一个大问题的最优性必须建立在其子问题的最优性之上）。动态规划是竞赛中经常出现的类型，而且变化很大（有线性DP、环形DP、树形DP等），难易跨度大，技巧性强，甚至还有DP的优化等问题。
- 贪心算法。贪心算法是所谓的"只顾眼前利益"的算法。其具体策略是并不从整体最优上加以考虑，而是选取某种意义下的局部最优解。当然使用贪心算法时，要使得到的结果也是整体最优的。
- 分治、构造等。分治是指把问题分成若干子问题，然后"分而治之"；构造是指按照一定的规则产生解决问题的方法。这两种算法都是在合理地分析题目后，通过一定的规律性推导来解决问题。可以认为快速排序利用了分治法。

可以说，算法是人工智能中重要的组成部分。

接下来谈谈算法与芯片的关系。

将特定优化的算法植入某种芯片的设计中，确定该芯片的功能和用途，并找到有相关需求的客户，就可以开始芯片行业的创业。依托国家全产业链的优势，投资者甚至不用操心寻找流片封装等下游企业的问题，而仅依靠商务沟通来购买芯片相关的产品或者服务就可以实现盈利。这也是目前国内芯片类创业企业的整体生态。虽然门槛比较高、竞争者实力强大，但是低端芯片的竞争者却不多，因此相对而言，创业没有那么艰难。当然是否适合在该领域进行创业是仁者见仁、智者见智的问题。

6. 创新的内在逻辑

通过分析软件工程与各种垂直领域结合的创新模式，我们可以归纳出更深层的规律，从一个领域进行扩展，可以得到各种新的思路。

以上并未列出所有可进行创新或创业的领域，只是尝试通过一些示例来说明并归纳目前软件工程与垂直领域相结合的各种创新方法以及相关的创业机会。由于垂直领域数不胜数，本节仅对垂直领域进行抽象，提取其共性的内容，进行归类后再与软件工程相结合，形成某一个角度的结论，希望对广大读者有所帮助。但更重要的是，这种分析问题并解决问题的方法或者说方法论，在创新创业的过程中扮演着非常重要的角色。本书后续章节会继续就方法论的问题进行探讨，因为只有在方法论上有所成就，才能在各个领域中有所创新。

4.2 创新产品规划

4.2.1 市场机会分析

1. 宏观分析方法

在创业之前，首先需要做好的就是宏观分析。宏观分析可以帮助创业者了解当前的政治、经济、社会、技术等方面的状况和发展趋势，从而结合自身优势找到创业机会，明确自己的创业方向和发展目标。通过宏观分析，创业者还可以预测市场的趋势，制订切实可行的创业计划和策略，避免因为大方向错误导致系统性风险。我们通常使用PEST模型来进行宏观分析。以下是宏观分析通常包括的内容。

- 政治（political）：主要分析政府的政策和法规对企业的影响，包括政府对行业的监管、政治稳定性、税收政策、关税政策等，如果面向国际市场，也可以关注国际政治形式的变化趋势。如果是某个区域市场或者行业市场，需要重点分析区域和行业的政策法规是否会影响某个业务的发展。
- 经济（economic）：主要分析经济环境因素对创业企业的影响，包括国内经济增长率、通货膨胀率、利率、汇率、物价水平、消费情况、劳动力市场、外贸情况、投资情况等数据。从宏观经济环境分析中，可以了解现在处于的经济周期，分析和预测未来的经济趋势。
- 社会（social）：主要分析社会文化环境因素对企业的影响，包括社会人口结构、教育水平、文化风俗、生活方式等，以及这些因素是否正在发生变化。例如中产人口比例的提升可能带来的消费观念的变化，也会导致市场结构的变化。
- 技术（technological）：主要是指技术变革和创新对企业的影响，包括科技进步、专利技术、生产工艺等的变化。重点需要对所在行业的技术发展趋势进行研究，了解其应用前景和市场规模，寻找技术带来的创新机会点，通过技术创新进入蓝海市场。

PEST方法是一种常见的宏观分析方法，创业者可以首先使用这种方法进行宏观分析，从而更好地把握整个社会未来的趋势，指导自己制定发展战略，把握市场动态，规避风险，获得时代的红利，提高创业成功的概率。同时，我们也要持续学习并随时了解新的社会动态，不断打开自己的认知和视野范围，为创业之路打下坚实的基础。

2. 行业分析方法

通过宏观分析方法找到合适的行业之后，可以通过一些行业分析方法进一步分析我们可能创业的行业。首先可以使用生命周期分析法（Life Cycle Analysis，LCA），一个行业的生命周期通常可以分为四个阶段：初始阶段、成长阶段、成熟阶段和衰退阶段。在不同的阶段，行业的市场规模、增长率、利润率、竞争格局、技术水平、政策环境等都会发生不同程度的变化。生命周期分析法可以帮助我们了解拟创业行业的发展状态和阶段，了解该行业在不同阶段的竞争格局、利润空间和风险等，为我们制定合适的战略和决策提供参考。例如我们在创业初期不要选择处于衰退阶段的行业，在自身资源不足的情况下也尽量避免选择处于发展初始阶段的行业，对于成长阶段的行业和成熟阶段的行业，也应该确定不同的战略和战术。在初步确定了某个行业后，我们可以运用五力模型（five forces model）来分析行业竞争情况和各方力量的对比。五力分析法由麦肯锡顾问公司的迈克尔·波特（Michael E.Porter）提出，五力包括供应商的议价能力、顾客的议价能力、替代品的威胁程度、新进入者的威胁程度和竞争对手的威胁程度，通常用一个图表来直观分析，如图 4-1 所示。

3. 企业 / 产品分析方法

一旦有了一个具体的产品想法，最好抑制一下直接开干的冲动，还需要针对所在的细分行业、公司和产品研究目标市场，了解潜在客户的需求和偏好。要确保你的产品可以填补市场的空白，并确保这个想法不只是创业者自己喜欢，还要确定市场确实对它存在真实需求。

通常创业者可以通过市场调查来验证自己的想法是否可以获得市场的认可，以及了解采用你的产品的潜在障碍。通常市场调研的思考框架包括产品解决了什么问题、产品朝什么方向发展、产品处于哪个细分市场、产品如何立足，以及产品的竞争对手是谁。在产品原型已经完成的情况下，还可以用一小群用户来测试你的产品，看看它在现实条件下的表现。

在研究自己产品的同时，也需要对竞争对手展开比较全面的分析，以确保自己的产品有足够的竞争力。对竞争对手进行分析和评估的因素，通常包括市场份额、产品和服务、销售和市场、创新和研发等方面。对竞争对手的调研渠道包括竞争对手官网、公开媒体信息（如百度、知乎、点评、企业信息查询网、招投标网、专利网等）、本行业的市场及销售人员、该公司的客户甚至求职者等。

最后，在总结前面分析的基础上，我们可以使用 SWOT 分析法来综合分析自己的优势、劣势、机会和威胁。SWOT分析模板如表4-1所示。

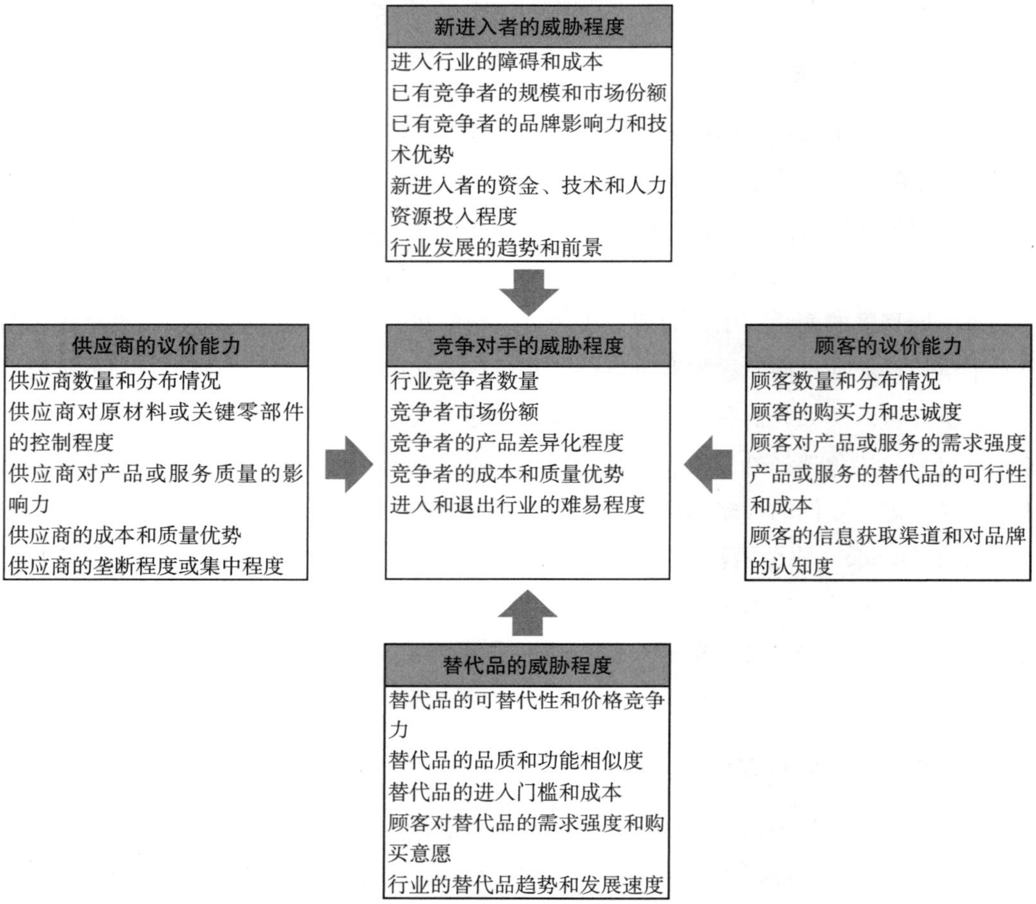

图 4-1　五力分析模型

表 4-1　SWOT 分析模板

优势（Strengths）	劣势（Weaknesses）
描述组织内部的核心优势和积极因素，例如： • 优势1：技术先进。本产品使用了最新的人工智能框架 • 优势2：团队强大。核心研发团队来自某知名机构 ……	描述组织内部的核心劣势和消极因素，例如： • 劣势1：品牌知名度。新创立的公司和品牌，知名度比较低 • 劣势2：资金实力。由于项目刚起步，资金实力比较有限 ……
机会 (Opportunities)	威胁（Threats）
描述组织外部的机会和积极因素，例如： • 机会1：政策机会，国家正在推行数字中国战略，各级政府数字化转型的需求旺盛 • 机会2：新技术趋势。人工智能技术正在得到广泛应用，可抓住机遇快速发展 ……	描述组织外部的威胁和积极因素，例如： • 威胁1：随着市场的不断扩大，竞争对手不断增多，竞争加剧 • 威胁2：随着市场和技术的变化，客户需求可能会发生变化，如果不能及时适应变化，可能会失去市场份额和客户 ……

4.2.2 候选方向评估

软件产品大致可以分为四类，包括对已有产品的改进产品、已有平台的衍生品、新产品平台、全新技术产品。例如，可以认为"有道云笔记"是对现有笔记类产品的改进产品，一个新的基于微信小程序平台的消消乐游戏是已有平台的衍生品，一个支持接入各种设备的物联网平台是新的产品平台，基于独有的 AI 技术研发的智能图像处理系统则是一套全新的技术产品。分类越靠后的产品对人力、技术和资金的要求越高，但也可以更少地依赖品牌、营销、渠道这些市场因素。

创业者的资源和时间都非常有限，当你面临比较多的想法或者机会时，只能做出一个选择，这时候很容易出现摇摆不定的情况。此时你可以站在理性视角审视你的项目，根据自身情况，为市场需求、竞争情况、实施成本、项目复杂度、长期战略等维度赋予不同的权重，然后按照统一的评价标准对几个项目进行评估，从中选择优先级最高的项目。

- 市场需求：首先需要评估市场需求，确定哪些产品或服务有更高的需求和更广阔的市场潜力。如果一个产品或服务有很高的需求和市场潜力，那么这个项目应该具有较高的优先级。但是如果资金并不充裕，你可能会更关注短期市场需求，这时候就把短期需求的权重设置得比长期需求更高。
- 竞争情况：竞争情况是指市场上竞争对手的数量和强大程度。通常一个创新产品的竞争对手会经历从少到多再到寡头垄断的历程。评估目前你即将创业的产品处于哪个阶段是非常重要的。
- 实施成本：要考虑每个项目的实施成本，包括时间、资金、人力资源等。可以为它们赋予不同的权重并确定项目可以承受的极值。如果一个项目的实施成本超过极值，则需要直接否决。
- 项目复杂度：评估每个项目的复杂度和难度，包括技术难度、市场难度、供应链难度等。如果一个项目过于复杂，也需要调整优先级，或者将项目拆解为更容易实现的子项目。
- 长期战略：长期战略往往来自公司使命，短期目标应该对长期战略有帮助，而不只是短期收益。项目与战略的吻合程度也是一个重要评价标准。

4.2.3 产品发展战略

有统计显示，80% 的创业公司生存时间小于 3 年，不到 7% 的创业公司生存时间为 5 年，不到 2% 的创业公司生存时间超过 10 年。程序员可以根据自己的喜好来定义和开发产品，但是 IT 创业者对产品一定要有清晰的构想和战略规划，才能提高产品和企业的成功率。在产品战略规划过程中，要回答以下几个基本问题。

1. 产品的使命是什么

产品的使命是产品为了满足特定的市场需求而存在的长期目标和方向。它是产品所追求的价值、意义和目标的凝练，是对产品核心价值主张和目标用户的总结。产品的使命是产品团队制定产品策略和决策的基础，它能够指导产品的开发、设计、营销和推广等方面的工作。一个清晰的产品使命能够帮助企业在市场竞争中获得优势，提高产品的用户满意度和市场占有率，进而实现企业的长期成功。现实中很多企业在取得一定的成功以后，渐渐地忘记了自己产品的使命是什么，产品功能逐步增加，操作步骤逐渐复杂，最终被用户所抛弃。这一点做得比较好的是微信，微信的使命是"连接一切，让沟通更加便捷，让生活更加美好"，当时的互联网以用户在线时长作为重要的评价指标，微信有很多办法提高这个指标，但是这不符合"让沟通更加便捷"的使命，反而浪费了沟通的时间成本。所以围绕产品最初的使命开展设计，才有机会获得巨大的成功。

2. 产品的竞争策略是什么

产品竞争策略是指企业为了在市场竞争中取得优势而制定的一系列策略和措施。产品竞争策略的核心在于如何通过优化产品的定位、差异化、定价、营销和服务等方面，满足市场需求并赢得消费者的信任和忠诚度。产品竞争策略主要包括以下几种类型。

- 成本领先策略：通过降低生产成本和提高效率来实现价格优势，从而形成规模经济，吸引更多的消费者。软件企业的成本一般是指技术人员和网络服务成本，因此需要引入更先进的技术方法并通过规范的开发架构降低对高水平技术人员的依赖，从而降低整体成本。
- 差异化策略：通过独特的产品设计、功能服务等方面来实现产品差异化，满足不同消费者的需求和偏好。例如，苹果公司当年推出可以屏幕触控的手机，实现了和原有按键手机的差异化。
- 技术领先策略：通过技术创新来开发新产品或服务，抢占市场先机。例如，OpenAI通过独有的GPT技术抢占了智能问答市场的先机，并且让技术一直处于领先状态。
- 模仿跟随策略：这一策略和差异化策略相反，允许竞争者先行探索用户需求和喜好，在明确了市场机会真实存在之后，快速模仿竞争者已经获得成功的产品，以降低市场试错的成本，使用这一策略需要有比较高效的开发流程。
- 集中化策略：专注于一种或几种产品市场，通过专业化和专注性来实现市场优势。例如，极飞专注于农用无人机领域，在细分市场比通用无人机龙头更具优势。

不同的产品竞争策略适用于不同的企业和市场环境，但都需要紧密结合企业的资源、能力和目标，精准定位目标市场和用户群体，以创造更高的价值和盈利能力。

3. 产品的营销策略是什么

对于大部分产品来说，通常首先需要考虑如何销售，然后再开始设计。产品的营销策略包括产品采用怎样的定价策略、渠道策略和促销策略。在定价策略方面，可以根据产品生产制作成本、运营成本、销售费用等，加上一定的利润率来确定产品价格，也可以跟随市场和头部产品的价格来制定自己产品的价格。如果产品处于缺乏竞争的市场，可以采用撇油价格策略，这通常是技术门槛比较高的产品，也可以采用阶梯定价策略或者与其他合作伙伴的产品捆绑制定价格。软件产品一般可以通过在线渠道、直销渠道、分销渠道或者 OEM 渠道推向市场。在线渠道是指通过社交媒体、电商平台、直播平台等方式向潜在用户销售；直销渠道是直接销售给消费者的方式，比如企业拥有自己的网店或销售；分销渠道是指通过经销商或者代理商销售产品；OEM 渠道是指通过向其他实力更强、渠道更广的公司提供产品，用其他公司的品牌销售产品。在促销策略方面，由于软件产品的边际成本较低，可以有很多灵活的促销策略，包括限制功能或者限时的免费试用、限时打折促销、学生等特定人群优惠、整体套餐优惠、推荐转介双方优惠、原有用户升级优惠等。

4. 产品研发的节奏是什么

初级产品经理通常喜欢无限制地为产品叠加功能。不要试图把产品所有的功能都一次性推到市场，这样容易导致研发周期变长，不易采集到真实的用户需求，资金压力也较大，竞争对手更容易模仿。对大多数中小创业公司而言，正确的做法是首先推出最小闭环产品，随后根据市场和用户需求快速迭代、快速调整。例如信息推送网 Puush 在设计时，最开始并没有推出所有功能，而仅仅设计了每日招投标信息邮件推送这一最小闭环，当用户访问量达到某个标准时，才逐步增加微信公众号推送、在线支付、转介优惠等功能的研发。

4.3 创新产品设计

4.3.1 产品设计思维

产品设计思维是一种解决问题的方法论，是一种创造和创新的活动，创新是产品设计的关键，创造性思维是产品设计的核心思维。新技术、新功能、原有技术功能的组合、新工艺都是产品创新的来源。同时产品设计不同于一般的艺术设计，它更强调将用户放在设计过程的中心，并通过多角度思考和灵活应对变化来不断迭代和改进产品。它可以帮助产品经理和设计师更好地理解用户需求，并将这些需求转化为创新的产品设计。好的产品设计不仅会受到用户的喜欢，也会收获商业上的巨大成功。例如，米聊比微信更早推出且更受欢迎，微信开发团队经过对用户使用场景的分析，创造性地引入了

"摇一摇""朋友圈""红包"等功能，满足了用户需求，也成功赢得了市场份额。在产品设计创新的过程中，有一些比较成熟的方法可供我们借鉴使用。

第一类是采纳群体智慧的群体集智方法，包括头脑风暴法、635法、亲和图（affinity diagram）法、KJ法、Delphi法等。

- 在头脑风暴会议中，成员们以不同的方式自由表达自己的想法，不论这些想法是否可行或者是否合理。会议的主持人应该保持中立，不发表自己的意见，以便尽可能地激发团队的创造力和想象力。
- 在635法中，六个人在规定时间内（通常是30分钟）分别写下三个想法，并交给另外的五个人，每个人在五个写有想法的纸条上分别再添加三个新的想法，这样就形成了总共108个设想，635法和头脑风暴法一样实现了以量求质，延迟评判。
- 亲和图法是指将所有的想法和意见放在便利贴上，然后将相似的便利贴聚集在一起，最后形成一个亲和图。这个过程鼓励所有成员平等发言，收集每个人的想法和意见，然后将他们分组并发现相关性和趋势，从而形成创意和决策的基础。
- KJ法需要一个主持人将关于问题的有关事实、意见、构思等语言资料收集起来，利用其相互内在的思想联系加以整理归类，从复杂的现象中整理出思路以便抓住实质，找出解决问题的一种方法。后来，KJ法与头脑风暴法相结合，发展成包括提出设想和整理设想两个部分的方法。
- Delphi法利用专家的意见进行迭代式的讨论和决策。一组专家被邀请参加一个多轮次的调查，每一轮次中，专家们都会回答一个有关主题的问题，并在每一轮次之间收到关于其他专家观点的反馈。通过迭代过程，专家们会逐渐达成共识并形成决策建议。

第二类是列举法。这种方法是指将产品某个方面的内容特性都一一列举出来，然后逐个对其进行分析和研究。

- 特点列举法常用于对产品的改革创新，它强调观察、分析及发现属性的联系。其要领是：首先针对某一产品列举出其重要部分、模块及特性等；其次，就所列各项逐一思索对其有无修改的必要性或可能，从而促使新观念的产生。例如一个产品的名词属性包括整体、模块、技术、材料等，形容词属性可包括性质、状态，动词属性可以包括功能、场景等。
- 缺点列举法是指通过发现现有产品的缺点，把各种缺点一一列举出来，然后做出改进的一种创新方法，包括发现缺点、评估是否改进和改掉缺点这3个步骤。
- 希望点列举法是产品创造者以个人愿望和广泛搜集他人意愿的基础上，通过列举希望和需求来形成产品创造的方法。

第三类是核检表法。检核表法可以比较成体系地检视产品设计的完备性。最基本的是5W2H法，包括为什么要这么创新（Why）、创新的目标和内容是什么（What）、哪里需要创新（Where）、什么时候创新（When）、谁来创新（Who）、怎么做（How）以及成本是什么（How Much）。奥斯本检核表法是由美国创造学家奥斯本在他的著作《可复制的创造力》一书中提出的。这种方法以提问或表格的形式，对需要解决的问题从以下9个方面逐一核对讨论，从而找到解决问题的办法。

- 转化：现有的功能能否另做他用？或者对现有功能稍做改变后，产品有无其他用途？
- 引申：有其他产品与现有产品类似吗？现有产品能否借用别人的经验？是否可以由现有产品想起其他产品？或者将其他产品的功能引入现有产品？能否模仿其他产品？
- 改变：现有产品能否做一些改变，如功能、性能、界面布局、交互、声音、技术等？改变后效果如何？还有什么是可以改变的？
- 放大：现有产品能否扩大使用范围？增加功能？添加组件？提高性能？提高价值？延长使用寿命？
- 缩小：某些功能减少些会怎样？产品能否实现轻量化、集成化？
- 代替：有没有其他产品可以替代某个产品，或者替代该产品的某一部分、某种成分、某个过程等？
- 重排：组成产品的组件模块是否可以更换顺序？改变模式、布局、序列、日程、计划或改变因果关系、速度、时间等会产生什么结果？
- 颠倒：产品可否颠倒反转使用？不可能是否可以变成可能？可否使位置颠倒、作用颠倒？
- 组合：几种产品能否组合在一起？这些组合包括事物组合、原理组合、方案组合、材料组合、形状组合、功能组合。

4.3.2 开展产品调研

在产品设计过程中，产品调研是非常重要的一步，它可以帮助产品设计团队更好地了解用户需求和痛点，验证自己的想法是否是用户真正的需求，从而设计出更符合用户需求的产品。以下是用户调研的一般步骤。

1. 确定调研目的和范围

在开始调研之前，首先需要确定调研的目的和范围。调研目的包括为什么要进行调研以及想要了解哪些方面的信息。调研范围则包括调研的人群、地域、时间等。单次产品调研的目的切忌太宽泛，如果确实有很多问题，可以分阶段进行多次调研。同时，可以将调研人群进行合适的划分，对不同人群设置不同的调研目的。例如，C端产品经理可以将用户划分成核心用户、一般用户、潜在用户和流失用户，对他们设置不同的调研目的。B端产品经理可根据不同的用户角色进行调研，如决策者、管理者、执行者、研究者等。

2. 选择调研方法和工具

根据调研的目的和范围，需要选择适合的调研方法和工具。常用的调研方法包括用户访谈、问卷调查、焦点小组讨论等。常用的调研工具包括电话、邮件、在线调研平台等。问卷调查可以快速、便捷地获得大量用户的反馈，便于通过对数据的分析和比较来发现用户的偏好和需求，但无法了解用户的背景、行为、态度等深度信息，调查问卷适合做定量分析。用户访谈可以深入了解用户的背景、行为和态度，并收集用户的非言语信息，但需要投入大量的时间和精力，也需要一定的调研技能和经验。此外，用户访谈可能会受到访谈者和受访者之间的关系影响，导致数据不够客观和真实，用户访谈适合做定性分析。焦点小组讨论可以让多个用户在一个小组内交流和互动，发现用户的共性和差异性。可以了解用户的态度、观点和意见，为产品设计提供指导。但焦点小组讨论容易受到组内氛围和讨论主题的影响，导致数据出现偏差。此外，焦点小组讨论需要一定的调研技能和经验，也需要投入大量的时间和精力。

3. 制订调研计划和调研问题

制订调研计划和调研问题是调研前的重要准备工作。调研计划包括调研的时间、地点、人员安排等；调研问题则包括需要了解的信息、问题的顺序和结构等。调研问题需要设计得具体、清晰，可以包括开放性问题和封闭性问题。我们在调研之前，首先一定要熟悉产品业务的相关背景和基础知识。例如，如果去做智慧农业的需求调研，至少先要知道用户的土地性质、种植作物等基本背景，提前了解访谈过程中可能会提及的一些专业名词，如育苗、旋耕、四情监测、水肥一体等。对于一些基础问题，不要再询问用户，可以从互联网上查找行业相关的分析报告。在调研之前，可以告知受访者提前准备，以获得更有价值的信息。

4. 实施调研

调研的实施是产品调研过程中最核心的一步，需要根据制订的调研计划和调研问题，采用合适的调研方法和工具进行调研。调研人员需要保持中立和客观的态度，避免干扰或误导受访者。调研过程中尽量避免有歧义、晦涩难懂的问题，多看、多问、多感受。到达调研现场后，首先给受访者做一下来访成员介绍，并讲明此次调研的目的。进入正题以后，可大致了解一下受访者最近使用的体验以及遇到的问题，而后会根据问题框架进行提问。在整个过程中需要关注四个关键点，即手、口、心、颜。手是指需要自己或者用户实操演示，口是指需要问清调研问题，心是指站在用户的角度用心感受，颜表示要观察用户的行为和表情。在调研过程中，可能会碰到不同类型的受访者，有些受访者可能是开放型，意见比较多，他们不仅有一大堆需求点要诉说，甚至已经想好了对应的解决方案。这类受访者可以提供的信息比较多，但同时也需要注意聚焦和过滤信息。有些是性格比较内向的封闭型受访者，调研过程中容易冷场，对于这种情况，要用语言缓解压力，还可以通过开放式问题来引导，或者观察其实际操作过程。有些是专业型受访者，通常是指行业资深人士，他们会从整个行业的角度阐述一些个人见解，为我们提供一些有价值的优化方案或者改进方向。

5. 整理和分析调研数据

在收集完数据后，需要对其进行整理。整理调研数据是为了对收集到的数据进行保存、归纳和分析，从而得到有价值的结论和洞见。这个过程需要把调研结果分类、整理，去除不必要的信息，将数据可视化。在分析和总结调研结果的过程中，需要把数据转化为可操作的信息，进行分析和比较，对数据进行分析可以帮助我们更好地理解用户需求和市场趋势。可以使用统计分析工具和数据可视化工具进行分析，以便更好地呈现数据的结论和趋势，并结合设计团队的经验和专业知识进行综合考虑。在分析数据的过程中，需要识别出潜在的问题和机会。例如，用户对某些功能的需求可能没有得到满足、竞争对手在某些方面做得比我们更好等。

6. 撰写调研报告

调研报告是把调研结果和分析结论进行总结和呈现的文件，它需要包括调研目的、调研方法、调研过程、调研结果和分析结论等内容。调研报告需要简明扼要地表述调研的结果和分析，同时提出具体的建议和改进方案，以便产品设计团队能够更好地了解用户需求并做出相应的改进。

7. 利用调研结果

调研报告完成后，需要与设计团队和其他相关人员进行分享和反馈，以便大家可以更好地理解调研结果，并根据结果提出相应的设计建议和改进方案。同时，需要接受其他人员的反馈和建议，不断完善和改进调研结果和报告。在通过调研报告识别出问题和机会后，需要展开讨论并制定相应的策略来解决问题和利用机会。例如，可以优化产品设计以满足用户需求，或者加强市场营销以扩大市场份额等，将调研结果转化为实际的产品设计，这才是产品调研的根本目的。

4.3.3 需求评估模型

产品调研完成之后，会根据调研结果形成需求清单，但是对于任何一个研发团队来说，资源都是有限的，因此都需要评估需求的优先级，甚至还要去掉一些暂时不做的需求和永远都不做的"伪需求"。一个成熟的软件研发团队不会随意拍脑袋决定需求的优先级。通过调研得到用户需求不是难事，但做一个好产品最关键、最困难的步骤就是需求评估。只有需求评估正确了，后续的研发才能事半功倍，否则极容易陷入团队很辛苦而产品不受认可的困境。这里介绍几种常见的需求评估方法和模型。

1. 首先应该拒绝什么需求

在得到一个长长的需求清单之后，首先要排除掉一部分不要去做的需求，比如不符合产品定位的需求不要做、不满足投入产出比要求的需求不要做、违反法律法规的需求不要做、不满足 5Why 原则的需求不要做。这里重点介绍 5Why 原则。5Why 原则是一种常用的问题分析方法，目的是帮助团队深入挖掘需求的根本原因。例如，一个智慧课堂软件团队正在评估一项需求：为学生提供一个课堂笔记分享功能。然而，团队在讨论该需求的过程中，使用 5Why 原则进行分析之后，发现该需求的实现并不能真正解决学生和教师面临的主要问题。以下是分析过程。

- 为什么我们要提供课堂笔记分享功能？因为我们认为这个功能可以帮助某些学生更好地学习和掌握课程内容。
- 为什么这个功能可以帮助学生更好地学习和掌握课程内容？因为学生可以从其他同学的笔记中学习到本堂课的核心内容。
- 为什么其他同学会愿意分享？因为需要笔记的同学会提出分享请求。
- 为什么有些学生会提出分享请求？因为他们觉得自己在课堂上没有听懂，需要更多的帮助和启发。
- 为什么学生课堂上没听懂的内容可以从笔记上学会？

2. KANO 需求评估模型

KANO 模型是东京理工大学教授 Noriaki Kano 提出的对用户需求进行分类和优先级排序的评估工具，如图 4-2 所示。KANO 模型以分析用户满意度为基础，体现了产品功能和满意度之间的相关关系，并将需求属性分为以下几类。

- 必备属性：又称基本型需求。这是用户对产品或服务的基本要求，是用户认为产品"必须有"的属性或功能，例如在线学习系统中的观看课件功能、聊天软件中的对话功能。实现了这类功能，用户满意度最多可以到满意水平，但是如果没有实现这类功能，一定会降低用户满意度。
- 期望属性：又称意愿型需求。此类需求得到满足或表现良好的话，用户满意度会上升，反之会下降至不满意。期望属性是用户的"痒点"，有时用户自己都说不清楚，但它是体现产品竞争力的需求，要注重提高这方面的质量，力争超过竞争对手。在线学习系统中的在线笔记、学习进度跟踪功能都属于这类需求。
- 魅力属性：又称兴奋型需求。如果实现了该需求，哪怕没有做得很好，用户的满意度也会急剧上升，相反如果没有实现该需求，用户也不会有明显的不满。在线学习系统中的 AI 字幕、智能推荐等功能属于这一类属性。
- 无差异属性：无论实现与否，用户的满意度都不会因此产生变化。例如，在线学习系统中提供了学习笔记分享功能、博客功能，无论是否提供这些功能都不会改变师生的满意度。
- 反向属性：又称逆向型需求，是指提供了反而会降低用户满意度的需求。例如，在在线学习系统中提供一个查询其他同学成绩、浏览记录的功能，会引起大部分学生的反感。

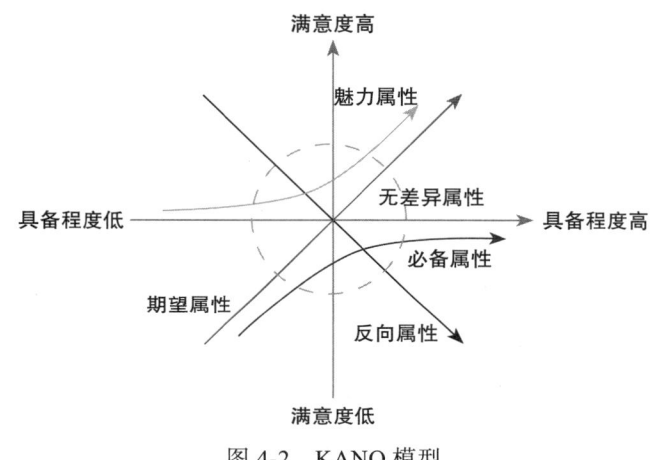

图 4-2 KANO 模型

在使用 KANO 模型的时候需要注意，图中的属性不是一成不变的，例如 KANO 模型中的魅力属性通常会随着时间变成必备属性，在线学习系统中的大文件续传功能就是这样的属性。另外，KANO 模型本身并不具备满意度评价的能力，只是提供了一种评价思路，在实操过程中通常还需要配合其他方法来调研得到满意度，同时，该模型仅评估了用户满意度，并没有反映一个需求的商业价值。

3. RICE 需求评估模型

RICE 模型也是一种用于需求评估的模型，它考虑了需求的时长和商业价值。RICE 模型主要由 4 个因素组成：Reach（影响范围）、Impact（影响程度）、Confidence（信心水平）和 Effort（开发难度）。把这些因素组合起来可以帮助产品团队评估各种需求的优先级。其中 Reach 表示该需求的受益人数或者影响范围，可以通过用户数量、访问量、使用率等因素评估；Impact 表示该需求对业务或者用户的影响程度，可以通过转化率、收入增长、用户满意度提升等因素评估；Confidence 是指对该需求的评估程度和可行性，可以通过用户调研、数据分析、竞品分析等因素评估；Effort 是指开发该需求所需的难度和资源投入，可以通过技术难度、开发时间、资源需求等因素评估。

通过对这 4 个因素的评估，可以得出每个需求的 RICE 得分，公式为：RICE 得分 =

Reach × Impact × Confidence/Effort。RICE 得分越高，代表该需求的优先级越高。

4.3.4 产品设计方法

1. 描述应用场景

有些程序员出身的创业者喜欢一开始就确定功能、画原型图，然后快速进入开发阶段，这样做通常会有很大的风险。比较好的做法是首先找到产品的应用场景，从主场景开始，分析场景中的角色，做好故事板，再逐步细化设计。

应用场景就是谁（Who）在什么时间（When）、什么地点（Where），因为什么目的（Why）而产生了什么需求（What），以及通过什么方式（How）来满足需求。比如过节会发红包、肚子饿了会找餐厅、老师上课会点名，这些都是生活的原生应用场景。还有一部分应用场景是发生在互联网上的，比如看直播、语音识别等，这是网生场景。当然，也有一些线上线下融合的应用场景，比如用点评软件找餐厅并在线下消费。应用场景的例子有很多，不同场景下的用户会有不同的需求，产品就是要解决好这些需求。所以产品不是凭空而来的，而是来源于场景，故事板是产品经理描述应用场景的常用工具。

故事板是原型设计方法的重要补充工具，平时我们的原型设计仅仅局限于系统的功能设计，忽略了屏幕之外的使用情境，故事板有利于我们理解屏幕之外的原因。故事板不仅是设计师头脑中假想情境的具象化，还可以使一些模糊的用户需求更具体、更有说服力，在设计过程中能发挥巨大的作用。故事板可以用草图的形式来绘制，包括选定场景、制订故事大纲、绘制时间轴草图、完善细节等步骤。在项目早期评估创意时，粗略的故事板草图更容易引发产品团队的发散思考，过于精美的故事板反而会限制思维。在开始详细设计时，故事板通常需要包含更完备的设计细节。

2. 做好用户体验

用户体验（User Experience，UX）是指用户在使用产品、系统或服务时所获得的整体感受。它涉及用户与产品或服务的交互过程、界面设计、功能性、易用性、可访问性以及情感反应等方面。如何分析和提升用户体验？这里介绍一个工具——用户体验地图。用户体验地图是基于目标用户在特定的场景，使用产品的某个核心功能或服务时，从开始到结束的整个体验过程。通过对用户的体验过程进行调研、分析、资料梳理，将需求、阶段、行为、触点、思考、情绪、痛点、机会这些维度梳理成一张可视化的体验地图，通过对体验地图进行思考、讨论、总结，分析产品的整体体验，最终输出产品的改进方案。图 4-3 所示为一个心理咨询联盟的用户体验地图。

体验地图并不是一个独立的设计方法，它是产品前期用户研究过程中重要的一部分。体验地图往往是最终设计收尾阶段的文件，但是它需要基于前期调研和设计。产品经理最初设计产品时，会根据市场分析、用户调研、应用场景、故事画板等了解需求，通过制作流程图、时序图等开始具体设计，然后按流程图开始设计交互和UI。但最后往往还是会发现很多问题，既包括流程本身的问题，也包括用户的情绪和感受问题。如果你在设计完成流程、交互后，提前组织团队成员对核心操作场景开展用户体验地图设计，那么产品上线后，才更容易被用户接受。

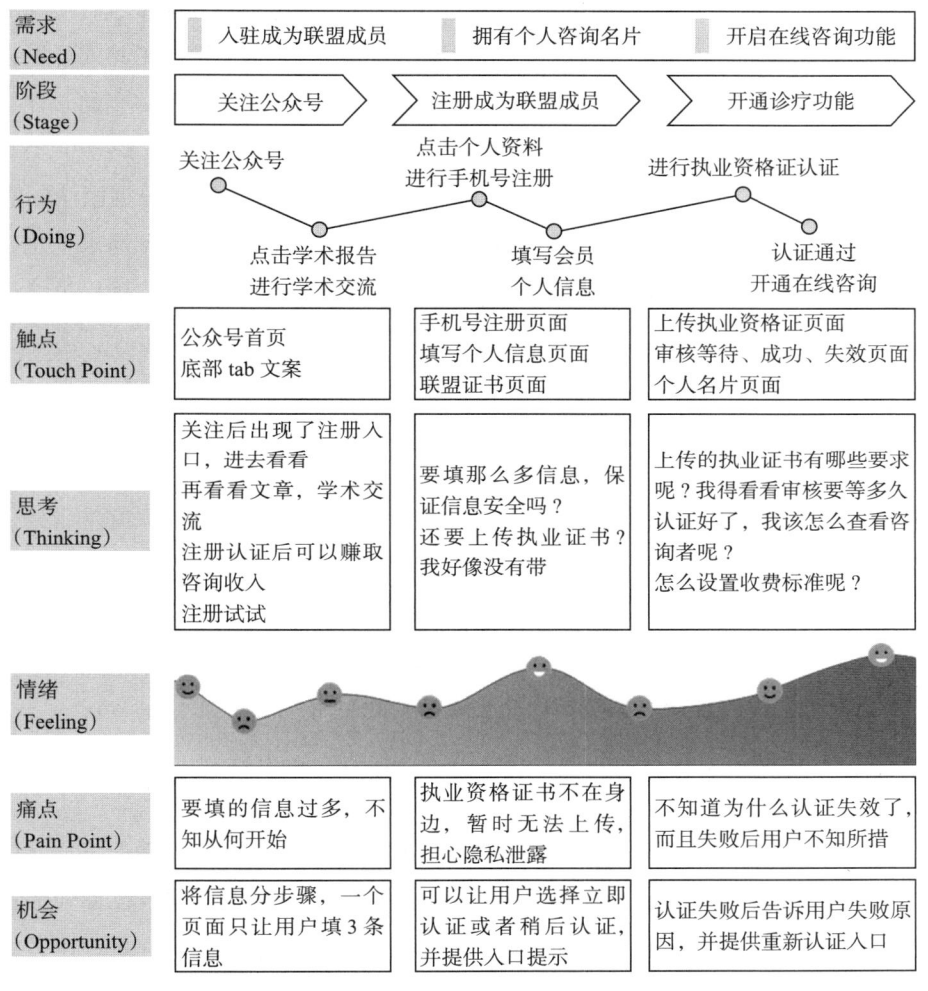

图 4-3　心理咨询联盟的用户体验地图

3. 用好设计工具

软件原型设计是在软件开发过程中用于展示和验证产品概念的方法。它是在正式开发之前创建的初步版本，可以帮助设计团队和用户更好地理解和评估最终产品的功能、交互和界面。软件原型设计的主要目标是尽早地发现和解决问题，减少后期开发阶段的修改成本，并确保最终产品符合用户需求。软件原型通常可以分为以下几类。

- 低保真原型（low-fidelity prototype）：这种原型通常以纸张、草图或简单的线框图形式呈现，用于快速探索和传达基本的概念和交互。低保真原型的优点是制作成本低、易于修改和迭代，它适合用于初步的用户测试和反馈收集。
- 高保真原型（high-fidelity prototype）：这种原型通常使用专业的原型设计工具或开发平台创建，具有更接近最终产品的外观和交互细节。高保真原型可以提供更真实的用户体验，并用于详细的用户测试和用户界面设计验证。
- 交互式原型（interactive prototype）：交互式原型允许用户与原型进行实际的交互操作，模拟最终产品的交互体验。这种原型可以使用交互设计工具或开发技术创建，具有响应用户输入和提供相应反馈的能力。交互式原型非常有助于评估用户流程、界面导航和功能操作的可行性。

软件原型设计工具通常有 Axure、Sketch、蓝湖、墨刀等，可以根据团队的需要选择使用，原型设计通常是一个迭代的过程，设计团队会根据用户反馈和需求变化进行多次修改和改进。通过持续的迭代循环，团队可以逐步完善和优化原型，确保最终产品符合用户期望。

4.4 创新产品运营

一个产品完成了设计研发只是完成了整个生命周期的一小部分，只有推广好、运营好才能真正发挥其社会价值和商业价值。软件产品运营是指管理和推动软件产品在市场上的运作和发展的过程。很多互联网公司往往通过运营部门来带动整个产品的研发。产品运营涵盖一系列活动，包括用户运营、内容运营、活动运营、数据运营等方面的工作，最终目标是确保软件产品能够实现商业成功并满足用户需求。

4.4.1 用户运营

产品用户运营是指通过一系列策略和方法，以用户为中心，管理和促进产品的用户群体，提高用户的参与度、满意度和忠诚度，实现用户价值最大化和产品商业成功。软件用户大致可以分为潜在用户、注册用户、核心用户、沉默用户等。在用户运营的过程中，不同阶段的运营侧重点也不尽相同。在用户运营前期，产品还不是特别完善，因此需要重点挖掘核心用户的真实诉求，积极回复用户的关切点，重点突出产品和服务优势，让用户参与产品设计，通过运营提高用户的忠诚度。在产品获得用户的认可后，需要扩大用户规模、提高用户黏性，因此会利用一定的手段，包括用户荣誉体系、成长体系、生态圈的搭建提高用户黏性，通过用户邀请模式设计、意见领袖发掘和口碑传播来实现用户规模的自增长。在具有一定用户规模以后，就需要提高用户的收费率、转化率。传统的以产品为中心的运营体系所要实现的目标是商品价值最大化，而以用户为中心的运营体系所要实现的目标是用户价值最大化，整体的商业模式设计、资源配置、营销手段都要围绕最大化用户价值来实现。用户运营体系的搭建可以解决流量稀缺的现实问题,以及传统营销模式存在的用户价值、用户贡献度低的问题,用户运营模式在当前是一种非常有效率的运营和营销模式。

4.4.2 内容运营

内容运营是企业通过策划、创建、发布和推广富有吸引力的优质内容,来吸引和留存目标受众,达到品牌传播和业务增长的目标。内容运营首先要确定目标受众的定位,描绘出目标受众的特征、兴趣和需求,将内容定向于目标受众,通过针对性的内容策划与制作,满足目标受众的需求并解决目标受众问题,提高内容的针对性和吸引力。内容包括多种形式,如文章、图片、视频、音频、漫画等。内容运营的过程通常包括内容规划、内容创作、内容分发、社交互动、SEO 优化等。内容运营的常用技巧包括:通过引人入胜的标题和摘要激发受众的兴趣,促使他们阅读或观看完整内容;通过可视化表达,利用图片、图表、演示文稿等视觉元素,吸引用户眼球并提供更好的用户体验;通过故事叙述和情感共鸣,分享经历,与受众建立情感共鸣。例如,Airbnb 通过内容运营战略成功建立了社区和信任。该平台提供了详细的目的地指南和当地建议,帮助旅行者更好地了解和体验当地文化,此外,他们还分享了旅行者和房东的故事,增加了与用户的情感连接,通过提供个性化、有趣和有用的内容,他们还成功地构建了一个强大的社区,增强了用户黏性和忠诚度。

4.4.3 活动运营

活动运营是指通过策划、组织和执行各种活动,以增加用户参与度、提升品牌知名度和促进业务增长的一系列运营活动。活动可以包括线上或线下的推广活动、用户体验活动、营销活动等,旨在吸引目标受众、增加用户黏性和提升用户满意度。活动运营首先要明确活动的目标和期望结果,例如通过本次活动是希望增加用户数量,还是提高用户活跃度、推广新功能等,以确保活动的有效性和可衡量性。然后要策划有意思的线上线下活动,鼓励用户积极参与活动,例如参与挑战赛、读书分享会、用户体验活动等,以增加用户黏性和互动性。通过有目标、有意思、有价值的活动来提升品牌知名度和形象,使用户对产品有积极的认知和好感,增加品牌的口碑和影响力。例如,Keep 是一个专注于健身和运动领域的 App,他们在推广过程中,通过线上健身挑战活动和线下健身聚会活动的运营,成功吸引了大量的用户,并建立了活跃的社群,提升了品牌忠诚度。

4.4.4 数据运营

软件产品的数据运营是指利用数据分析和运营策略,以数据驱动的方式管理和优化软件产品的运营活动。通过收集、分析和解释用户数据、行为数据以及市场数据,软件产品团队可以更好地了解用户需求、改进产品功能、优化用户体验,并制定有效的运营策略。通过数据运营，首先可以进行软件 A/B 测试，通过对比不同版本的产品、页面、功能等，评估某种设计对用户行为和关键结果指标的影响，还可以开展用户行为分析，分析用户在软件产品中的行为路径、点击流、转化率等指标，找出用户流失的关键环节和原因。通过深入理解用户行为，可以优化产品设计和用户体验，提高用户满意度和留存率。另外，可以利用数据进行用户画像，了解不同用户群体的特征、兴趣和需求。通过构建用户画像，可以更好地理解用户，并为不同用户群体制定个性化的运营策略和推广活动。最终支持数据驱动的运营决策：在数据运营中，数据应成为决策的基础。通过数据分析和解读，制定相应的运营策略，当需要完善产品功能、改进用户界面、优化推广渠道时，运营决策应该基于数据和实际结果，而不是靠个人喜好做出决策。

4.5　撰写创业计划书

创业计划书是一份全方位的商业计划，一份好的创业计划书能够得到投资商的青睐，让他们对创业项目的可行性和利润空间做出基本的判断，从而使自己的创业项目获得融资，创业计划书中应该包括所有能够让投资人感兴趣的内容，避免空洞。

项目简介、产品与服务、市场分析、竞争对手分析、核心团队介绍、实施计划、财务预测，甚至股权结构、公司的组织架构等内容都应包括在创业计划书中，只有内容精确而详细、数据丰富、体系完整、装订严整而精致的创业计划书才能吸引投资商。投资商对项目商业运作计划了解得越具体，融资需求越容易得到满足，因此创业计划书与项目的成败紧密相关。

创业计划书的书写和创业一样，也是一个复杂的系统工程，并非天马行空就可以完成的，创业计划书的书写人，不但要对行业、市场进行充分的研究，还要有良好的文字功底和准确的描述能力，对一个即将起步的企业，专业的创业计划书既是融资（开启市场的第一步）需要，也是创业者对自身创业项目的现状以及未来发展的全面思索和重新定位的过程。

4.5.1　创业计划书的撰写要点

首先介绍如何书写创业计划书的七项基本内容。

1. 项目简介

在当今的快餐时代，每个人都想要以最短的时间获得最关键的信息，以此来判断是否有必要进行深入了解。以论文为例，论文之多，浩如烟海，如果对每篇与自己相关的论文都进行深入了解，恐怕用一生的时间也看不完。因此，项目简介必须要做到先声夺人，在较短的时间内抓住人们的眼球。所以项目简介是最挑战笔下功夫的。

项目简介是创业计划书的缩影,虽然不需要面面俱到,但一定要把计划中最关键的内容以最精练的语言描述出来。
- 用一句话清晰地描述你的商业模式,即你的产品或服务。
- 用一句话明确介绍你的创新点满足了哪部分市场或者用户的需求。
- 用一句话(包括具体数字)形容你的产品问世后的市场空间和发展前景。
- 用一句话说明你的创业团队与市面上已经有的类似项目相比所拥有的独特优势。
- 用一句话来介绍你的团队最为突出的优势。
- 如果已经明确如何用产品进行盈利,则清晰地阐述产品的盈利模式;如果还没想好如何盈利,则直接说明用户量达到什么规模才能够支持创业者的盈利模型。
- 用一句话直接表明你期望的融资金额数量,以及融资金额的主要去向,而不需要详细展开介绍。

2. 产品与服务

介绍自己即将研发的产品和提供的服务,介绍产品或者服务解决了客户的哪些需求、有哪些主要功能。不要说大话空话,比如"我们的主营产品是数据库,要打造世界上最好的数据库"之类的话,这种描述方式对项目没有任何帮助,应该对主要的产品和服务进行描述,越具体越好。

3. 市场分析

要直接描述产品所针对的市场,包括产品存在多大的商业价值,以及你的目标是占有多少市场份额,切忌虚报和夸大,要根据自己产品的相关利润来估算真实的有效收入市场。VC(Venture Capital,风险投资)通常简称为风投,首先是关注眼前状况,然后才会去看远景规划。

有必要对自己的用户进行初步的规划,当然用户的数量并不能完全代表市场预期,如果高端产品和服务能够有一部分用户,也可以被认为有较广阔的市场前景。

务必进行有效的调研,准确指出有几家同行,并了解行业和市场的细节,以及打入市场的时机是否合适。如果 VC 有投资意向,他们也会亲自去做调研,如果你提供的调研结论能准确地把握市场,并且和 VC 自己的调研结论比较吻合,自然更能获得投资机构的好感。

最后要描述你的市场营销策略,告诉投资人你的市场选择、独有优势以及推广方式等,务必要遵循切实可行的原则,不要说"打算在全球推广"这种不切实际的话。

总而言之,应当论证整体的市场规模有多大,你是如何推算出的,以及这个市场未来的发展趋势。在论证的过程中切忌长篇累牍,简洁地说明你的推算依据和基础数据来源即可。投资人真正关心的不是这个行业有多大,而是你能够在这个行业里做到什么程度。

4. 竞争对手分析

目前的创业几乎都是虎口夺食，都是利用某方面的优势从老品牌手中争夺客户，没有竞争对手的情况少之又少。对于你提出的创新想法，投资者会去老品牌那里了解相关情况，所以对竞争对手的分析一定要细致。有时候只是在技术方向上没有做法相同的对手，但是也有别的技术路径可实现相同的目的。所以要从业务方向、产品、渠道、数据、技术等各个方面与竞争对手进行比较和分析，对于同行的直接竞争对手，要直面其优劣势，对于相关的间接竞争对手，也要给予足够的调研。切勿在计划书中贬低、回避、忽视竞争对手，而要客观地对其进行描述。

在思考竞争格局时，需要"站在未来看现在"，要考虑其他风险，如巨头切入等，一定要进行实地考察，媒体的烟幕弹不可信，否则容易产生错误判断从而致使经营战略失策，要尽可能分点、分类、言简意赅地说明自己的竞争优势。

5. 核心团队介绍

团队不仅是一个创业团队的灵魂，也是 VC 重点关注的内容，应该对核心团队成员包括自己进行包装和介绍。

像马斯克和马化腾这样的创新创业者少之又少，在现实生活中，要想看出一个人的潜在能力几乎是不可能的，大多数情况是通过每个人身上的标签来判断一个人的能力，即通过以往的经历、学历、奖项等来判断团队成员的优秀程度。因此应当重点介绍清华、北大的毕业生，优秀的"海归"或者有大公司工作经验的团队成员也是要介绍的重要内容。如果以上都没有，也不要含糊其辞，不要说某个成员经验丰富这样的空话，直接点出该成员的特殊才能，做过哪些项目、曾在公司担任何种职务，比如擅长数据库的处理、擅长应对高并发场景等均可以作为亮点来介绍。

6. 实施计划

对大多数人来说，中考、高考、大学毕业都是人生的重要节点，而且它们之间互相影响，若前面做不好，只靠后期发力几乎是不可能快速赶上的，创建公司与此类似。

对于早期的创新创业者来说，要向投资者准确地描述什么时候可以获得技术突破、什么时候产品能够通过各种测试进入市场、什么时候可以获得创业公司的第一笔收入以及什么时候能盈亏平衡。盈亏平衡就相当于中考考得不错，能够进入重点高中，得到更好的资源。对投资人来说，他们看到自己的投资确实能够收回，自然更加有信心给你更多的融资进行规模扩充或者其他产品的开发。创业者必须明白，无论创立什么样的公司，如果只亏不进，好高骛远，认为后期可以将投资全部收回，那是不可行的。投资者只有看到公司有盈利能力，才会做出下一步的融资打算，你不可能要求投资者无条件信任你的能力。一旦失去融资，所有的努力都将成为水中月、镜中花。所以，务必认真规划公司的每一个重要节点，确保公司稳步发展，并最终走向成功。

7. 财务预测

财务预测也是创业计划书的重要部分，但这往往是被许多创业者忽视的一环。这里要注意，除了在PPT中进行财务计划的基本介绍外，一份详细的Excel文件也是必需的，通常投资人对自己感兴趣的项目会要求查看其财务计划Excel文件。

创业者最少要做三年的财务计划以备查，五年是最稳妥的，但因为项目存在不可控性，第一年的财务计划务必做得详尽，其Excel文件中应该至少包括三张表：假设（assumption）表、收入预测（income statement）表和现金流（cash flow）表。

上面的七项内容是企业计划书的基本内容，即使是公司介绍，也应该包含财务预测，因为此处针对的是投资人，所以不可避免地会存在金融方面的问题。

4.5.2 投资人关注的问题

下面是投资人特别关心的七个敏感问题。

1. 股权结构

股权结构是公司治理机制的基础，它决定了股东结构、股权集中程度以及大股东身份，会改变股东行使权力的方式和效果，进而对公司治理模式的形成、运作及绩效产生较大影响，换句话说，股权结构与公司治理中的内部监督机制直接发生作用。

由于股权结构的重要性，因此最好直接在项目中说明哪些人参与了股权结构设计，最好能给出股权表格进行基本描述。

2. 公司的组织架构

组织架构是指对于工作任务，公司人员如何进行分工和协作。需要告知投资人公司部门个数和人员分工，应当准备一张组织架构图以备查。

公司的组织架构有公司的特殊性，还应介绍公司注册地（比如公司是注册在国外还是国内）、分公司、子公司和关联公司，以及投资人的钱从哪里注入，最为核心的就是公司的组织架构如何体现股东的利益，也应准备一张图以备查。

3. 目前公司的投资额

直接给出公司目前已有的投资额情况，尽自己所能让投资者看到诚意，不应虚报。当然，自己不投入的行为也是不妥的，投资者会认为你自己都不相信这个项目能成功，会让投资者产生动摇。

4. 合约和订单

如今已不是口头协定、君子之交的时代，万事万物都有对应的条款，最好把自己的合同、意向书、订单之类的书面合约给投资者查看，做事井井有条才更容易得到投资者的信赖。

5. 收入模式

收入模式即盈利模式，是管理学的主要研究对象之一。盈利模式是指按照利益相关者划分的企业的收入结构、成本结构以及相应的目标利润。这里要强调的是，不要好高骛远，说自己的项目几十年后一定能成为行业的龙头，对第一桶金的介绍才能够吸引投资人。因为投资人要的首先是风险最小化，然后才是利润最大化。

6. 估值

这是创业者和投资者都避不开的问题，做好自己的心理预期：需要多少钱，让出多少股份。要明确提出要价，不能模棱两可，让投资者觉得你缩手缩脚，减少对你的好感。

7. 资金用途

资金用途就是告诉投资人钱都花到哪里了。资金的固定用途有：人员工资，场地费，差旅费，购买计算机、桌椅、饮水机、一次性纸杯等的费用。资金的浮动用途有：项目的周转资金（预计达到某个营收所需要垫付的应收款，上游的应付账款），对应的维护资金，即打假、营销费用、公关费用等。

务必做出一份详细的资金用途表，将主要的资金用途罗列出来。

以上七项内容是投资者最为关心的，成功构建它们将使你牢牢抓住投资者的心。

除了以上内容之外，还有部分建议性内容可以为创业计划书增光添彩。

- 文档格式。无论是 PPT 还是 Word 文档，都务必图文并茂，用数据来说话，避免长篇大论。PPT 也不可过于花哨，重在简约、精练。
- 字数控制。对字数没有限制，内容言简意赅就好，但有时内容再多，投资者也不一定会全部看完。因此创业计划书要提炼最为核心的内容，把它展示给投资者。创业计划书一般以 15 页左右为标准，外加一页封面、一页封底（联系方法）即可。如果投资者有兴趣，会进一步接洽并索取某方面的详细资料。
- 如何寻找 VC。自己寻找 VC 和熟人推荐 VC 本质上没有任何区别，只不过熟人推荐会更快找到 VC，并不会提高项目的命中率。找 VC 之前，首先要了解自己，再去了解 VC。找 VC 不一定要找最好的，但要找最适合自己的。另外，找 VC 时要有一种专注精神，早期不要贪大求多。橡果国际早期只找了软银，没有再找其他投资人，这种态度值得赞赏，因为它确定已找到适合自己的投资人。有的企业会和每个 VC 谈，谁给的价高就选择谁，这样会影响公司的长远发展。笔者认为一个初创企业最好只找一家 VC，这样公司会有一个比较明晰的愿景。一旦遇到问题，VC 也会全力以赴。但是如果有多个 VC，可能启动资金会多一些，但在公司发展过程中各个 VC 会有不同意见，另外，由于有多个 VC，每个 VC 投入的资金也不会很多，公司一旦遇到困难，他们不一定会尽全力解决。对创业者来说，资金并不是越多越好，公司在引进风险投资后很快垮掉的案例不是没有。原因有很多，最主要的原因是公司在引进风投的过程中因发展过快导致管理不善：有的公司引进资金过多，难以消化；有的公司引入多家 VC，使股权稀释；有的公司只看重金钱，不看重 VC 的背景，导致公司在融资之后不能按原定计划稳健发展。

- 是否需要 FA（Financial Advisor，财务顾问）。书写商业计划书是核心创业团队的任务，通常财务顾问是来帮你处理财务的人，他们几乎不知道创业的核心内容，对你的商业计划书并没有多大的帮助，不能将商业计划、财务计划甚至融资这种事承包给财务顾问。一旦与 VC 会面，财务顾问回答不出 VC 提出的问题，将会产生不必要的麻烦，所以，自己要处理创业计划书上的财务问题，以便更好地应对 VC 的询问，进一步拉近自己与 VC 的关系。
- 是否需要律师。收到投资意向书后必须要找律师。一旦走入社会，维权是必不可少的。
- 是否需要提防 VC。各行各业都讲究诚信，因为 VC 投资一个新上市的企业和维持一个老牌的企业，其中需要付出的代价差距不言而喻，前者的开销要小很多。理论上来说，VC 投资了一个公司，他再窃取该公司的商业机密是很不划算的。以上是 VC 已经投资的情况，而在这之前，为了获得投资，创业者需要经常与 VC 交流，先要求其保密，甚至要签保密协议，出了问题是要 VC 负责的。
- 如何判断 VC 是否对项目感兴趣。首先准备三项内容：项目简介、15 页左右的商业计划书和完整的财务预测计划。
- 通过自身调研确定对口的 VC 名单，将自己的项目简介发送过去，这里要强调只发送项目简介，因为内容过多的邮件会让人感到疲倦和反感。你的项目简介会在一大摞的商业计划书中脱颖而出。如果这一步没有回应，可以尝试换一家 VC。
- 如果投资人回信，则必然是询问详细的商业计划书，此时再发送详细的商业计划书即可，并可以要求见面交流。
- 如果再次得到回信，可以将财务计划等详细资料按要求发送过去，让投资人觉得你已做好准备。

4.5.3 创业计划书示例

为了进一步说明创业计划书的内容，下面分别以一份网络上有代表性的创业计划书和两份来自软件工程专业的学生自己撰写的项目计划书为例，说明创业计划书的亮点和需要考虑的关键要素。

1. 代表性创业计划书范例

Airbnb 的商业计划书是一份非常优秀的商业计划书，可谓商业计划书中的范本。下面我们对这份计划书展开来分析。

第 1 页简单描述产品用途，并且就 Airbnb 的名字进行解析，没有过于花哨的修饰反而容易突出重点。当然，PPT 应该朴素还是酷炫需要根据公司的性质和目标人群进行设计。

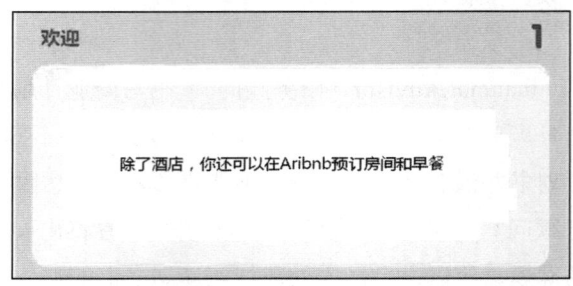

第 2 页列出当前市场和用户的痛点，这个痛点必须是经过调研且真实存在的。

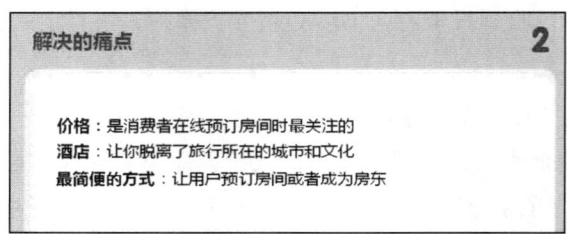

第 3 页提出 Airbnb 的解决方案，这是标准的 OMO 方式，但是 PPT 内容简洁精确。

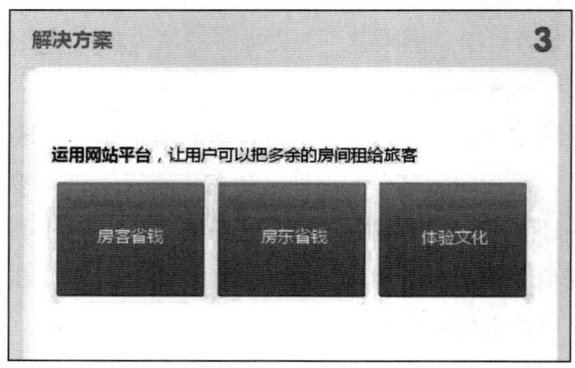

第 4 页，市场数据表明方法可行。

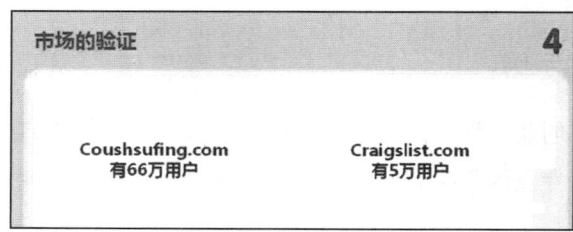

第 5 页介绍潜在市场规模和自己的市场规模,这是每个 PPT 所必备的。也就是说,别人如果投资了你,就是投资了这个市场。

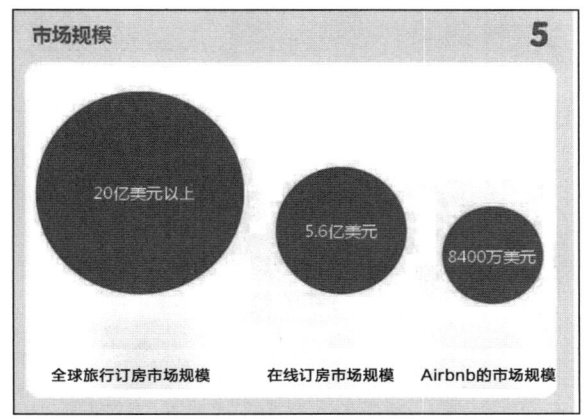

第 6 页展示 Airbnb 已上线的产品,这里需要表明自己的前期工作。只凭一个想法的创业项目,不是不能融到资,条件是需要创业者拥有很高的商业知名度或者相关的业界声誉。

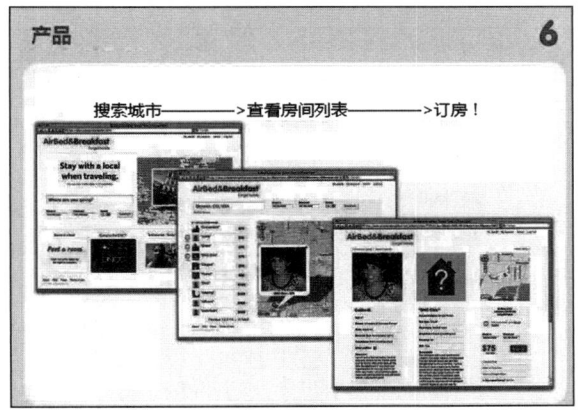

第 7 页列出清晰的盈利模式,这往往是初次创业者不够重视的地方。前些年,靠补贴打垮竞争者然后实现垄断收益的模式,已经越来越不受投资者的青睐了,创业初期就有清晰的盈利模式才符合现在的创业理念。

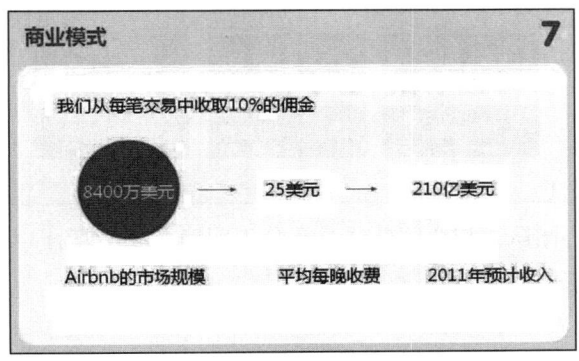

第 8 页介绍推广方案，这里写一些内容即可，最好是自己有把握的可执行的推广方案，而不是列出一些自己短期内不会去实施的推广计划。

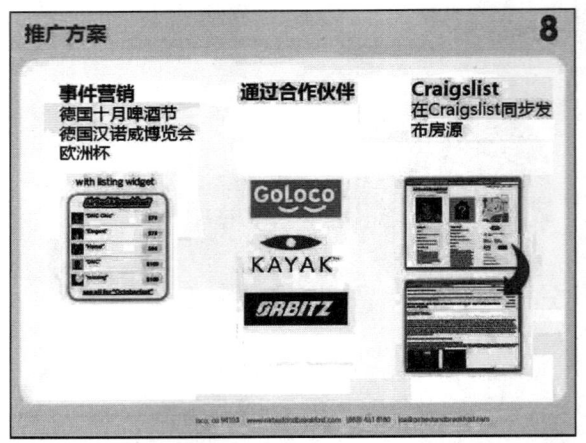

第 9 页分析竞争对手，最好给出业内比较知名的竞争对手，然后根据自己的特色进行维度上的比较。

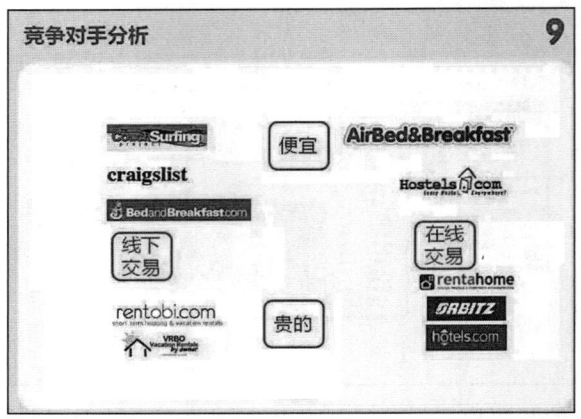

第 10 页展示创新之处，即企业竞争优势。这里用列表的方式以便突出重点。

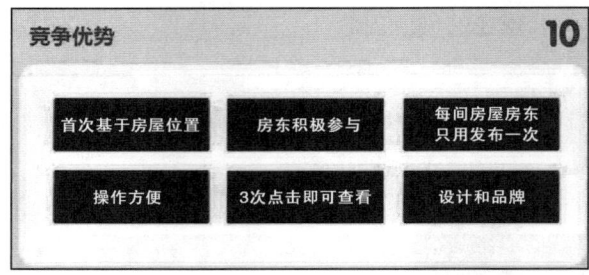

第 11 页介绍核心团队。核心团队成员要分工明确，职能互补。最好列出每个核心成员的头衔，充分展示团队能力。

第 12 页列出目前取得的成绩。这里越详细越好，如果没有显著的成绩，也要收集社会上的正面评论。

第 13 页，用户的评价同样重要，尤其是 ToC 的商业模式。

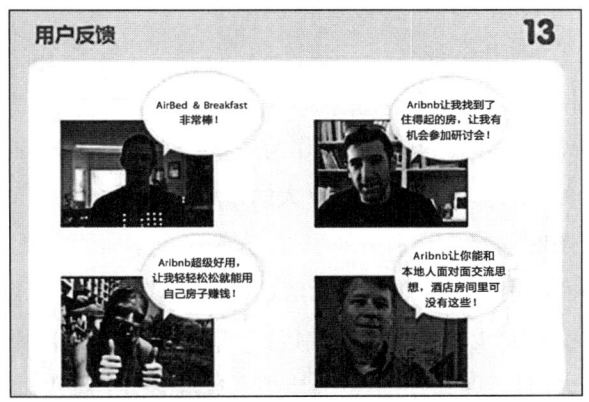

第 14 页说明需要多少投资，拿到投资后做什么，这里需要有清晰的融资条件和目标。尽管最终的目的可能只是完成一个小目标，但是计划书中要有明确的达成路径。

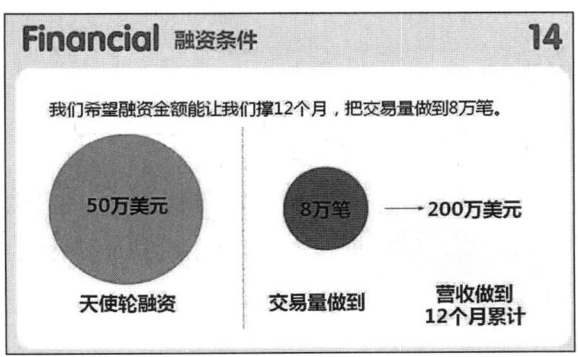

通过 Airbnb 的商业计划书，我们看到整个计划书虽然页数并不多，但提到了投资人关心的关键问题，并且 PPT 中每一页一般都不超过 3 个要点，这样的安排会让重点非常突出。如果有一些细节需要交流，可以在介绍 PPT 的时候进行阐述。

2. 大学生创业计划书点评

作为大学生创新创业类基础课程的教材，为了让读者更快速地掌握商业计划书的撰写方法，笔者从数百份本科生自己撰写的创业计划书中挑选了两份具有代表性的、符合大学生创业想法和平均技术水平的创业项目计划书进行展示，并给出一些分析，希望能从这些简单的案例及评论中为读者提供启发和指导。下面的创业计划书没有采用统一的格式，主要目的是使读者了解创业计划书所体现的项目创意。

项目一：ProjectKeyboard（琴键计划）

（1）项目简介

开发配套的有线/蓝牙外设以及 PC 端/移动端软件，以极低成本满足用户对一台钢琴使用价值上的全部需求。

（2）产品

- 琴键形外设（模拟钢琴琴键外观），以及配套的支架（可供用户选购）。
- 配套软件，将外设输入转换为音频信号输出。

（3）市场

在一个人口基数巨大、经济稳步发展的国家，人们有着日益增长的精神生活需求，尤其是对音乐的消费需求不断增长。钢琴作为"乐器之王"，赋予单人同时演奏两个声部的能力，受到大众的认可和喜爱，有着巨大的市场需求。

然而现实是，我国的钢琴普及率不到 1%，造成这一局面的主要原因是传统钢琴的价格偏高。一台普通的家用钢琴价格在 2 万元至 6 万元之间，属于入门级钢琴，更高档的钢琴价格可能达数十万元甚至上百万元。作为传统钢琴的替代品，电钢琴逐渐在国内普及，价格一般在千元以上，但是这样的价格也会让相当数量的初学者望而却步。如果有一款价格低至百元左右并能够实现钢琴所有使用价值的产品，那么其潜在市场是巨大的。

需要补充的是，本产品需要与 PC 端（移动端）相连接，基于我国个人计算机和智能手机的普及程度，这一点不难实现。对于条件困难的地区，只要学校配有计算机，使用本产品即可开展钢琴教学。

（4）竞争对手

传统钢琴、电钢琴。

本产品不需要传统钢琴精细的内部打击构造和调音过程，也不需要电钢琴自带的独立微计算机，只是将外设的输入信号通过计算机/手机软件转化为声音，即用户只需要购入外设，具有绝对的价格优势。

支架可以帮助用户更好地模拟演奏实际钢琴的情景。如果用户不需要使用支架，只将外设置于平时放键盘的位置即可，因此占用空间极小，使用便捷。

（5）社会价值

有助于钢琴的普及和大众音乐素养的提高。

（6）团队

团队通常有 1～5 人，进行软件的开发、外设（琴键）的设计。

（7）盈利模式

琴键外设的成本可以对比键盘，在低价格的前提下仍然有很大盈利空间；配套软件便于设计和维护，可对比类似的输入外设数位板（数位板配套软件比本产品复杂得多，但几乎不需要维护），开发成本几乎为 0。

（8）项目里程碑

1）实验版软件开发完毕。

2）设计用于测试软件的实验型外设并取得成功。

3）测试版软件开发完毕，小规模测试。

4）正式软件开发完毕，正式外设设计完毕。

（9）融资金额

2500 元。2000 元用于实验型外设设计，500 元用于程序开发。

项目计划书分析和点评

该项目具备一定的创新性，但是对项目整体的合理性推衍和思考还不深入。

初看该项目，其实现的产品类似于电子琴，电子琴是一种模仿钢琴和管风琴而生产出来的低成本电子化乐器，虽然该产品能从一定程度上实现项目预期的功能，但似乎缺乏商业前景和创业价值。计划书的作者似乎没有对自己的目标用户群——钢琴教师和学生进行调研，只是从工程师的角度来进行假设。钢琴有一个特点，就是有一定的专业性要求，钢琴还有手感、音质等问题，价格过低的钢琴销量差很多，无论是教师还是学生家长都不会推荐。因此，该项目产品大概只能进入儿童玩具市场。笔者调研了网上商城的评价，发现很多顾客购买便宜的钢琴之后又去购买了更贵的钢琴，原因是较贵的乐器类产品音质更好、具备更多的功能。

虽然从创业的角度来讲，计划可行性很低，但是从创新的角度来考虑，该项目提出的"琴键计划"存在一定的参考价值，可以重新审视一下。

首先，项目需求在某些场景下可以存在。随着居民生活水平的提高，艺术审美等领域的消费上涨是必然趋势，钢琴是受到大众喜爱的乐器，而钢琴的价格居高不下也是事实，因此我国钢琴的普及率相对其他乐器而言确实不高，在农村地区，一款低成本的模拟钢琴产品也有其存在的意义。

其次，电子琴与该项目所设计的产品的差异性在于：电子琴能够利用的算力资源需要安装在电子琴内部，而因成本的限制，电子琴不可能使用算力特别高的芯片和设备，因为一旦造价成本超过 2 万元，消费者就会考虑直接购买钢琴。而该项目充分利用了计算机这一普及的产品。众所周知，计算机不仅具有强大的处理能力，还配备了声卡、显示器甚至音箱等外部设备，可以被该项目充分复用，从而大大降低了产品的成本。

最后，为了给用户带来更好的使用体验，除了对应的钢琴键形外设的质感要好，更重要的是软件能否带来强大的功能，而这恰恰是计算机专业学生的强项，他们可以通过不断改进算法、改进界面、增强运营来让用户对产品更加满意。

项目二：基于 Unity 的 3D 解密游戏

（1）项目简介

自电子游戏进入我国后，随着国内信息技术和网络技术的快速发展，电子游戏行业丰富了千万网民的生活。部分知名游戏，例如《马里奥》《塞尔达》《火焰纹章》等游戏的问世，给游戏产业带来了巨大的收入。本项目的主要目的是完成一个以色彩为主题的 3D 解密游戏，平台为 Windows 系统的计算机，玩家可以通过键盘操纵游戏角色在场景中进行探索，使用鼠标进行视角移动、解密等。在本程序中，用户可以体验到完整游戏的流程，包括游戏的开始、中间剧情和结局。

（2）项目背景和市场分析

游戏分为单机游戏和网络游戏两大类，网络游戏又称为网游，这类游戏通过互联网连接，使各个地区的玩家能够互相交流、共同探索。而单机游戏无须网络连接，可离线操作。据 Newzoo 发布的《全球游戏市场报告》显示，全球游戏玩家在 2016 年创造了 996 亿美元的收入，比 2015 年增加 8.5%，其中单机游戏收入占 73%。通过这些数据可以看出，单机游戏在全球范围内是具有强大生命力和发展潜力的行业。

大型单机游戏的开发周期普遍较长，开发规模巨大，开发耗资极多，所以对于初创团队而言，使用开源的游戏引擎制作游戏是一种性价比最高的方案。以中低端设备为目标的 Unity 游戏引擎在 2005 年发布了 1.0 版本，近几年，Unity 更是保持每年更新，变得越来越强大。国内用 Unity 制作的游戏非常多，比如《王者荣耀》《原神》等。

（3）项目拟完成的功能

项目应实现以下功能。

- 制作游戏的基本 UI 界面，如开始、加载、设置、结束界面等。
- 设计能衔接游戏流程的剧情。
- 设计与游戏主题相契合的多样的游戏场景，以及场景中可以与玩家发生交互的元素。
- 设计并实现玩家的基本操作方式。
- 提供游戏的一些基本设置，比如画面效果、声音等。
- 对游戏的资源进行统一管理。
- 实现整个游戏流程。

（4）项目的技术储备

团队核心成员能熟练使用 Unity 引擎，并能够制作引擎中没有提供的一些功能，以达到游戏中需要的效果，举例如下。

1）使用高斯模糊实现景深。游戏中有时候需要让玩家的视野局部模糊，在 Unity 中，可以通过在 Canvas 上直接覆盖一些透明的模糊图来实现，但这种实现方式不够灵活，在模糊区域变更以及模糊程度变化时，不方便调节。本项目以类似景深的方式实现了这种效果，达成了模糊区域和模糊程度都十分容易调整的效果，并且更贴近真实场景。

2）使用遮挡剔除技术实现 CPU 优化。遮挡剔除技术是指当前场景内的物体被其他物体遮挡住，使相机看不到被遮住的物体，从而不渲染这部分物体的技术。类似的技术还有视椎体剔除（view frustum culling）技术，但视椎体剔除技术只是不渲染相机视椎体以外的物体，而遮挡剔除技术即使物体在相机视椎体以内，只要被别的物体遮挡住，也不会进行渲染。

（5）财务支出预测与运营

项目开发的游戏采取与大的游戏平台合作的模式，例如腾讯的 WeGame 平台、网易云游戏平台等，按照比例分成。前期的财务支出可以自行承担。

项目计划书分析和点评

该创业项目是校园创业的热门类型——游戏制作类，为尊重知识产权，这里对项目的游戏流程设计进行了删减，从更加通用的角度来讨论游戏类创业。游戏类的创业与其他创业类型有很大的不同。其他的创业类型，不管是电子商城还是 OMO，都具备线上/线下（或者说虚拟和现实）相结合的特性，对于初创团队而言，线下部分实施起来是非常困难的，涉及一系列需要花费大量人力和物力来处理的事务，譬如网点铺设、广告、获客以及结算等。而游戏类的创业项目几乎 90% 以上仅在线上（虚拟空间内）就能完成，这无形中缩小了大学毕业生创业团队与老牌创业团队在阅历、资源和人脉方面的差距。

举个例子，本项目计划书在"财务支出预测和运营"方面虽然只写了两句话，但这就足够了。腾讯和网易这样的业内龙头企业为游戏开发者提供了功能强大的运营平台，游戏开发者不用为游戏的运营耗费太多的精力，游戏的获客、销售分发、更新、收费都有一整套完善的流程，虽然平台会收取一定比例的服务费，但是笔者认为与平台为创业团队提供的便利条件相比，开发者投入这笔费用是完全值得的，这也能大大降低初创团队由于运营经验不足而导致好产品失败的可能性。如果游戏本身的品质足够好，还可以尝试通过国际渠道发布，如 Valve 公司提供的 Steam 平台。《太吾绘卷》这款游戏就是首先在 Steam 上发布后获得了巨大的成功，曾获评 Steam "2018 年度人气最高游戏"。

客观上来说，计算机专业的本科毕业生甚至在校学生开启游戏开发的创业之路是性价比较高的一种途径，因为不但开发游戏需要掌握的技能与本科学习的内容高度重合，而且创业之初并不具备的社会技能可以由游戏平台提供，同时，初期开发费用也较低。

因此，从这个角度来说，如果计算机专业的毕业生想自己创业，那么游戏开发是成功率较高、投入较小的方式，也就是数学期望较高的方式。

但是换一个角度来看，国内的各种创新创业大赛一般不鼓励这种类型的项目，笔者也希望读者不要过度投入该领域。一方面，IT类专业的学生作为工科生，承担着振兴国家实体经济的重任，而且传统行业与信息产业的结合也是未来几十年实体经济发展的重点；另一方面，游戏行业毕竟带有虚拟经济的特点，天生自带杠杆属性，爱冒险的年轻人面对虚拟经济的高投机性时可能会难以把握。

小结

本章以创新创业的全过程为线索，首先从寻找创新创业方向开始，介绍了IT创新领域和创业领域值得去探索尝试的若干方向，这些都是创新创业的热门方向。在有了明确方向后，接下来需要开展创新产品规划、产品设计及产品运营。创新产品规划包括市场机会的分析方法，候选方向的评估方法以及产品发展的战略。创新产品设计包括如何提高产品设计思维水平、如何开展产品调研、如何评估需求模型，以及产品设计的方法。创造出好的产品只能说成功了一半，产品运营也非常关键，产品运营包括用户运营、内容运营、活动运营和数据运营。最后，在实现整个模型后，不可避免地会遇到融资快速发展的问题，这时候需要给投资人撰写创业计划书，本章阐述了如何撰写创业计划书。

参考文献

[1] 艾瑞咨询. 2022年中国科技与IT十大趋势[EB/OL].（2022-01-07）[2024-03-13]. https://report.iresearch.cn/report/202201/3917.shtml.

[2] 清华大学互联网产业研究院. 美、德、中工业互联网发展模式概述[EB/OL].（2022-08-24）[2024-03-13].www.iii.tsinghua.edu.cn/info/1121/3169.htm.

[3] 孟小峰，慈祥. 大数据管理：概念、技术与挑战[J]. 计算机研究与发展，2013，50（1）：146-169.

[4] RUSSELL S J, NORVIG P. 人工智能：一种现代方法（英文版）[M]. 北京：人民邮电出版社，2002.

思考题

1. 参考本书的建议，请列出3个自己可以涉足的创新或者创业领域，思考你在这个领域具备哪些经验、资源或者优势。
2. 利用市场分析方法，评估你列出的方向，并从中选择一个最合适的方向。
3. 基于你选择的方向，形成产品设计书和产品运营计划。
4. 撰写一份你自己项目的创业计划书。

第 5 章　IT 创新创业案例及分析

优秀创业案例数不胜数，对这些案例的分析，哪怕只是对个例的分析，都可以专门写一本书。本章只选择其中一些比较典型的案例进行简单的介绍和分析。

5.1　科大讯飞

科大讯飞股份有限公司前身为安徽中科大讯飞信息科技有限公司，总部在合肥，成立于 1999 年 12 月 30 日，2014 年 4 月 18 日变更为科大讯飞股份有限公司。2003 年，科大讯飞获中国语音产业唯一的国家科技进步奖二等奖；2005 年获中国信息产业自主创新最高荣誉"信息产业重大技术发明奖"；2006—2011 年，科大讯飞连续六届在英文语音合成国际大赛中荣获第一名。2023 年 4 月 20 日，科大讯飞发布 2022 年年报，报告期内公司全年营业收入为 188.2 亿元，实现毛利 76.84 亿元，归母净利润为 5.61 亿元。

1. 创新故事

中国科学技术大学（简称中科大）前校长朱清时每年在新生入学的时候都会做报告，让人印象深刻的是，他会引用一句名言——有勇气来改变可以改变的事情，有胸怀来接受不可改变的事情，有智慧来分辨两者的不同——来对在座的中科大新生做期许。很多中科大人都把这段话当作自己的座右铭，而这段话也体现了科大讯飞这家企业的风格。

科大讯飞的成长离不开人机语音通信研究评测实验室，这是中科大电子工程系的实验室。科大讯飞创始人刘庆峰于 1990 年考入中国科学技术大学，加入该实验室后，成为研究团队的领头羊。1998 年，在"国家 863 计划"成果比赛中，刘庆峰牵头完成了一个语音合成系统并获得第一名，这给刘庆峰很大的鼓舞，他觉得应该把这个研究成果进一步产业化，于是就有了创业的打算。

创业的第一步不是马上成立一个公司，把技术做好是刘庆峰当时认为最重要的事情。于是刘庆峰找到了一家企业来合作，该企业出资在中国科学技术大学开办一个联合实验室，全称为"中国科大中银天音智能多媒体实验室"，刘庆峰是实验室主任。这相当于企业出资金实现一个研发成果，再去市场上推广。实验室运行时间不长，正式挂牌是在 1998 年夏天，到 1999 年春节前后，企业在经营上出现了困难，连实验室员工的工资都发不出来，情况非常严峻。当时，实验室主任刘庆峰背着大家偷偷四处借钱，给员工发了工资。借钱的时候，刘庆峰的心理受到了强烈的冲击——一定要有自己的公司，把命运掌握在自己手里。于是就有了后来的硅谷天音，全称为安徽硅谷天音科技信息有限公司，是一家注册资金为300万元的小公司，它就是科大讯飞的前身。

科大讯飞犯过无数错误，走过无数弯路，后来大家把它叫作"弯曲的直线"。科大讯飞的一个产品线是教育产品，早期的教育产品叫"会说话的书"，是2002年开始的重要项目，每本书下面有一个包含语音合成芯片的存储装置，通过该芯片可以把书中的内容读出来，非常适合孩子阅读。

语音合成怎么用？当时科大讯飞的想法是大家除了看书以外，还有听的需求，其电子阅读器相关产品是公司尝试的硬件产品。现在看来，这些产品比较落伍，工业设计水平较低，用户体验也不好。但是，这次尝试后保留下来的教育产品线，现在已经有几亿元的销售额，可能未来销售额会达到几十亿元。如果当时没做现在看起来疯狂的傻事，就没有今天的发展。在这个过程中，公司的战略目标逐渐清晰：从全球最大的中文语音技术和语言技术提供商发展为全球最出色的多语种技术提供商。

2. 创业团队

科大讯飞是一家技术型企业，其创业团队的建设是企业命脉的关键。创建核心团队有两个重要的因素：一是共同的事业心，二是一把手。

第一，共同的事业心。说起来简单，要真正做到"一切以企业利益为重"还是很困难的。比如，在科大讯飞开始创业时，团队成员个个都很厉害，他们讲奉献、能吃苦，可是在公司发展过程中，很多时候需要团队成员之间的相互协作，甚至需要团队或个人为了共同的事业来承受委屈，这时很多人就做不到了。

如果团队中的每个人真正地把个人的成就感融入整个团队和企业未来的发展中去，这样的团队在任何困难的情况下都有凝聚力，这对企业来说是非常重要的保障。

第二，一把手也特别重要。要做CEO首先要有创造力，要能文能武，能带队打仗。其次要有刘备的心胸，不仅能够像刘备那样三顾茅庐，而且对周围人也要做到心胸宽广。

团队建设是一个持续的过程，CEO自己要不断学习，整个团队成员也要不断学习，包括团队的行为方式和整体的沟通技巧等。正是在这种思想的指引下，以刘庆峰为主力、以江涛和张少兵为辅助的创业领军团队，明确定位，出色协作，迎来了属于他们的成功。

3. 商业模式

一家企业能够快速实现崛起，除了拥有足够的人才优势之外，最重要的是它走了一条适合自己的路。换句话说，商业模式决定了企业自身能够到达怎样的高度。科大讯飞在数字教育领域的商业模式有以下三个要点。

- 科大讯飞的主要业务逻辑是以具有优势的核心技术为中心,向技术支撑层及应用层进行业务拓展。
- 科大讯飞在智能语音领域具有自主核心技术,它从自身核心技术出发,开发出系列语音支撑技术,为不同的行业企业和移动互联网开发者提供语音技术和语音应用开发工具。这些企业和移动互联网开发者一方面成为其客户,另一方面为其提供了丰富的语音数据,进一步提升了技术的优势。
- 通过语音支撑技术,科大讯飞一方面与合作伙伴合作开发了一系列行业应用产品,另一方面独立开发了系列应用产品,使其产品系列非常丰富,同时逻辑主线非常清晰。具有高壁垒的核心技术为其向不同领域的拓展提供了无限可能,这种发展模式值得大家学习。

4. 创新技术

科大讯飞在智能语音核心技术研究领域,一直秉承"从市场中来,到市场中去""用正确的方法做有用的研究"等核心理念,致力于建立智能语音及语言核心技术和核心技术应用产业化两大方面的竞争力。科大讯飞的核心技术主要包括语音识别技术、语音合成技术、自然语言处理技术、语音评测技术、声纹识别技术、手写识别技术等。科大讯飞始终坚持在该领域通过不断的技术创新来推进企业的进一步成长,具体表现在以下几个方面。

- 语音识别技术。该技术在"能听会说"的智能计算机系统中扮演着重要角色,相当于给计算机系统安装上"耳朵",使其具备"能听"的功能,进而实现信息时代利用"语音"这一自然、便捷的手段进行人机交互。
- 语音合成技术。该技术涉及声学、语言学、数字信号处理、计算机科学等多个学科技术。语音合成技术解决的主要问题是将文字信息转化为声音信息,即让机器像人一样开口说话。
- 自然语言处理技术。该技术所涵盖的研究内容非常广泛,从研究成果的表现形式来说,可以分为基础研究和应用研究两大类。基础研究主要是指对自然语言内在规律的研究,从研究深度和难度上大致可以分为词典编撰、分词断句、词性分析、语言模型、语法分析、语义分析、语用分析等。应用研究主要是指基于基础研究的成果,面向不同的应用,研发相关的自然语言处理技术。
- 语音评测技术。该技术又称为计算机辅助语言学习,是机器自动对用户发音进行评分、检错并给出矫正指导的技术。语音评测技术是智能语音处理领域的研究前沿,同时因能显著提高受众对口语学习的兴趣、效率和效果而有着广阔的应用前景。
- 声纹识别技术。该技术是一种通过语音信号提取代表说话人身份的相关特征(如反映声门开合频率的基频特征、反映口腔大小形状及声道长度的频谱特征等），进而识别出说话人的身份等方面的技术。它可以广泛应用于信息安全、电话银行、智能门禁以及娱乐增值等领域。
- 手写识别技术。该技术是一种让计算机能够"认识"用户在手写设备上书写的文字信息，将有序的笔迹转换为用户所书写的字符的技术。手写识别技术在智能手机、平板计算机等移动设备上为用户提供了一种比传统输入方式更为便利的交互方式。它使不熟悉或不方便键盘操作的用户也能轻松上手使用各类电子设备。

5. 企业文化

科大讯飞有今天的发展，得益于其良好的企业文化，这也是其能够广纳贤才并长期留住人才的关键所在。科大讯飞的使命是让机器能听会说、能理解、会思考，用人工智能建设美好世界。科大讯飞的价值观分为以下几个方面。
- 成就客户，一切以为客户创造价值为中心。为客户创造价值并赢得客户的认可与尊重是衡量技术、产品和服务等工作的根本标准；客户沟通与服务原则是面对客户的问题，应第一时间给予响应并推动问题的解决，形成闭环；内部组织价值导向为直接或间接为客户创造价值，是任何内部组织和岗位存在的唯一理由。
- 坚持顶天立地的创新方向和路径。坚持顶天立地的产业发展路径，通过源头创新实现核心技术达到国际先进水平和大规模产业化；创新内容，以新思维、新方法实现技术、产品、市场、管理等方面的提升；创新理念，鼓励创新，敢为天下先；宽容失败，不断复盘和成长。
- 高效协同，追求团队进步。团队及部门协作中，主动高效，一切以公司利益为重，只有组织获得成功，才有个人成功；民主讨论，集中决策；决策之前，团队成员积极参与讨论，充分发表意见；决策之后，团队成员言行上完全支持并坚决执行；个人就是公司形象的代表，从我做起，以公司为荣，积极维护公司的形象和利益。

在这种良好的企业氛围带动之下，人们真切地感受到了科大讯飞的魅力。

5.2 智因未来

智因未来团队是一支长期深耕新一代人工智能研究的团队，尤其专精于因果关系发现、因果性学习等领域的研究。团队秉承"智因未来砥砺前行，守护我国通信之心"的愿景，面对通信网络中多种系统与设备产生的大量告警，应用自研因果推理算法，准确识别告警事件之间的因果关系，迅速定位故障源头，解放运维人力依赖，大幅提升运维效率。团队围绕一系列首创的创新模型和算法，已申请23项专利，发表80余篇高水平论文。智因未来与华为、中国南方电网、中国通信服务南建公司等知名企业在智能运维领域达成合作，获中国国际"互联网+"大学生创新创业大赛国赛金奖。

1. 创新故事

智因未来团队的创始人朱文辉于 2017 年考入广东工业大学自动化学院物联网工程专业，学校的科研创新创业氛围成为他求学路上不断追求进步的助推器。在一次计算机学院科研项目的队员招募中，他第一次接触了因果推理，该研究方向激起了他浓厚的兴趣，他顺利进入项目的学习当中。随着学习的深入，他看到了因果推理技术的应用价值，更让他笃定在此方向跨学院深造的决心。经过不懈的努力，他成功保研至蔡瑞初教授的数据挖掘与信息检索实验室，投身于因果推理人工智能的研究中。朱文辉不只满足于实验室的理论研究，他深信只有实践才能凸显研究的价值。

在研究和项目实施过程中，他看到了因果推理可能的高价值场景。人们的日常生活已离不开通信，我国作为 5G 网络大国，通信网络繁杂，基站与设备节点紧密关联，极易导致故障告警风暴，若不及时进行故障的排查与修复，将造成巨大的经济损失。通信网络稳定性的保障与及时高效的运维是开启万物互联时代的前提。而通信行业的运维面临众多痛点：首先，5G 网络生态的构建由多方企业参与，导致多源设备难兼容；其次，由于 5G 基站数量快速增长，网络复杂度成倍增加，导致故障排查时效性差，定位速度普遍是小时级别；最后，故障偶发性强导致传统机器学习模型难以捕捉故障样本的特征，而恰好因果推理 AI 善于捕捉数据之间的因果关系，从而可以准确发掘故障告警之间的传播关系，可以很好地赋能通信行业的智能运维。

在学校浓厚的创新创业氛围下，朱文辉带领实验室的同学，紧随新型基础设施建设的发展大势，力求突破国内尚无建树的因果关系 AI 算法的研究应用，解决以上痛点，突破当今算法发展的瓶颈。

2. 技术创新

技术创新是智因团队的核心。在计算机世界中，算法代表着用系统的方法表述解决问题的策略机制，而传统算法存在推理性差、可解释性差、泛化能力弱等问题。因果关系是迈向强人工智能的必经之路，该团队采用自研新一代因果关系人工智能算法，打造因果 AI 智能运维平台，从而准确发掘告警之间的因果关系，找出关键指标，从源头上高效解决问题。

面对多源设备难兼容的痛点，智因团队基于因果表征学习将时序、文本、图像等多源异构数据融合成有效的因果变量，构建分层因果模型，解决多源设备难兼容的难题。面对故障根因定位难的痛点，在庞大复杂的告警网络中，团队首创网络拓扑霍克斯过程因果发现算法，将因果推理算法比作侦探，准确识别每一个告警节点之间的因果影响关系，迅速定位故障源头。此时，只要修复源头根因便可修复全局告警，实现从小时级到秒级定位故障根因，大幅缩减人力成本；同时可以赋予模型可解释性，有助于运维人员理解故障传播机制。团队通过隐变量的因果关系建模，在命题要求小样本故障下正确分类的同时，进一步定位故障的源头。面对故障偶发性强的痛点，团队基于因果机制跨领域的稳定性，提出了一种基于因果对齐的根源定位框架，解决无线通信网络故障根因定位难题。

3. 创新成果

除了故障根因定位场景之外，团队还将因果推理应用于智能决策场景。团队研发的产品是包含异常检测与故障定位、企业智能决策、业务指标优化三大功能模块的一站式AI商业智能应用平台，可应用于智能运维、推荐优化、精准营销、运营分析等。团队研发的产品已应用于华为诺亚方舟实验室的5G网络运维、中国南方电网系统故障诊断与预测、微信视频号、唯品会商品推荐系统优化、滴滴智能优惠券投放等。此外，该研发团队还与中国通信服务、网易等企业达成合作，深受客户好评，并与多家企业达成了续约以建立长期的合作关系。

他们还与国际顶尖AI学府卡耐基梅隆大学合作开发Tetrad系统，获世界人工智能大会卓越人工智能引领者奖，并推出因果学习开源算法平台——Causal-learn。智因团队还参与编写了国内第一本因果关系发现著作——《大数据中的因果关系发现》，并在国际通信网络智能运维大赛、亚太因果推理大赛、NIPS解耦大赛等多个国际AI赛事中获第一名。

4. 团队介绍

智因团队依托于数据挖掘与信息检索实验室而成立。目前团队共有20人，其中技术研发人员15人，硕博学历占比达80%。创始人朱文辉曾入围广东大学生年度人物，获广东工业大学十大创新人物、"十大攀撑学子"等称号，技术研发人员乔杰、李梓健、吴思宇、刘跃群、黄智毅等曾在NeurIPS、IJCAI、ICML、AAAI、*TNNLS*、*Neural Networks*等CCF-A类顶级国际人工智能会议和中科院一区期刊发表论文。

5. 展望未来

推理能力和可解释性的缺失是目前人工智能发展遇到的最大瓶颈。展望未来，团队目前立足于通信行业，并持续将自研因果推理算法进行多领域适配研发以切入其他领域，努力做全球因果人工智能应用的引领者。"锲而不舍，金石可镂"，秉持着对科研的热爱与坚持，智因团队将继续坚守初心，奋力破局，让因果推理赋能我国新一代人工智能产业的健康发展。

5.3 齐悟

深圳市人马互动科技有限公司成立于 2016 年 10 月，公司专注于智能语音交互技术的研发和应用，人工智能品牌为"齐悟"。公司总部位于深圳，并在芝加哥、厦门、杭州、绍兴等地建立了分支机构，员工有 100 余人，国内核心办公场地 2000 多平方米。2018 年 7 月 6 日，齐悟品牌进入由创业黑马主办的 2018 中国准独角兽 TOP50 榜单（夏榜）。同年 7 月 19 日，齐悟大脑上榜 2018 年深圳准独角兽（一亿美元以上企业）。2018 年 8 月，齐悟在第七届全国社会媒体处理大会中文人机对话技术测评中，获评中文人机对话比赛"最好对话系统"。2019 年，齐悟入选中国科协与中科院榜单"颠覆性创新榜 TOP10"以及创业黑马人工智能产业独角兽 TOP50；2022 年，齐悟入选中国科协榜单"科创中国 TOP100"；2023 年，齐悟入选甲子光年"中国最具投资价值 AI 公司 TOP10"等。

与国内外著名的语音交互品牌相比，齐悟具有显著的优势。其他品牌目前还局限在语音识别阶段，机械地识别字词的字面含义，处理单一的、简单的信息，而齐悟已拥有第三代认知智能技术，完全自主研发的语义理解核心算法，为机器赋予拟人化的记忆、理解、推理、思考及学习等能力，可以处理复杂的业务逻辑（上下文语义理解、多轮对话技术），实现与人类的深度沟通。

一切需要语音对话的业务领域都可以应用齐悟大脑语音交互系统，而各行各业的产品交互几乎都离不开语音对话，齐悟的市场是无比广阔的！目前公司主要应用场景为智能汽车、AIoT、泛娱乐等领域。齐悟致力于为用户创造集生活、娱乐、工作、社交、情感于一体的 AI 灵魂伴侣。公司因具备先进的 AI 底层算法领先优势，在半年之内就与 100 多家知名公司签订了合同，并在 2021 年实现规模盈利，2022 年收入已破亿。公司已经广泛进入并巩固了各个业务市场，建立了品牌知名度。

1. 创业伊始

近年来，人机对话技术受到学术界和产业界的广泛关注，商业整体规模也在不断扩大。早在学生时代，王一便敏锐地察觉到其中的商业契机。2014 年，在美求学的王一决定实现自己的梦想。他不远千里地数次驱车往返美国东西部，找到几名志同道合的创业伙伴，组建起了一支留学生创业队伍。2014 年 12 月，Centaues 工作室成立。同许多团队一样，他们饱尝了创业的艰辛，几个伙伴吃、住并工作在狭小的出租屋内，但凭着顽强的毅力和执着的理念，他们在艰苦的环境下开发了《声动战士》声控手游，为齐悟的发展奠定了坚实的团队基础与精神基础。2015 年 5 月，公司 Centaurs Tech 注册成立，随后完成种子轮融资。在大家的不懈努力下，《声动战士》于 2016 年 6 月在 Kickstarter 成功众筹，入选平台历史上最受欢迎手游 TOP30 榜单。

2016年，王一回国，投入轰轰烈烈的复兴中国梦的伟大建设中。同年10月，深圳市人马互动科技有限公司注册成立，开启了齐悟迈向新征程至关重要的一步。2017年与2018年是齐悟飞速发展的两年，胡上峰博士回国担任公司CTO，齐悟完成A轮5000万元的融资，为公司积累了强大的发展资本、注入了许多优秀的新鲜血液。王一迎来了逐梦路上的首批荣誉，他被评选为2018全美华裔30岁以下优秀创业者，同时荣登福布斯、胡润2018年度精英榜单，后又获评美国众议院颁发的2020年度全美十大华人杰出青年等诸多荣誉。

2. 创业团队

齐悟需要的是做人靠谱、做事靠谱的志同道合的伙伴，大家一起做有趣的事，从而改变世界。在王一的带领下，形成了以王曦、龙方舟、顾蓝迪为核心成员的初始创业团队。他们在美国留学期间便开始为齐悟的诞生而奋斗，他们以工作室为家，以创造具有人类思维的超级人工智能为理想，在工作中勤勤恳恳、任劳任怨。

2017年1月，公司与胡上峰博士建立合作关系，引入并确立以聊天机器人相关产品为公司的主要业务方向，这是奠基公司业务发展的重要一步。同年7月，胡上峰博士回国担任公司CTO，这是公司技术力量成长的一大飞跃。

3. 商业模式

齐悟的商业模式有一次性收费、利润分成和服务器调用次数收费三种。其整体思路是通过技术专利授权，前期收取小额费用给企业提供低廉的试错成本，后期根据产品利润分成、服务调用等形式获利共赢。

公司以泛娱乐领域为切入点。在游戏产业上，公司提供AI NPC的完整技术解决方案，根据接入产品创造的额外价值按照一定比例进行分成。在动漫产业上，每个动漫IP持有者可接入娱乐人工智能系统，让IP活起来。如果是智能玩具等硬件，则根据AI技术和内容授权按件收费。

公司营销推广计划如下。

- 与游戏公司合作，研发出更多炫酷的语音互动类游戏，或者帮助其创造虚拟世界的智能NPC。
- 与国内外的IP持有者、动漫公司合作，创造出许多会聊天的生动、可爱的卡通虚拟玩伴；也可以与儿童玩具厂商合作，生产具有良好交互性、教育性的智能卡通玩具。

4. 创新技术

齐悟大脑的语义识别技术解决方案具有全球领先的革命性突破地位，在中国、美国拥有超过100项发明专利。它涵盖语音识别、语义理解、思维推理和语音合成等一整套语音交互技术，形成了强大的技术壁垒。其技术核心是颠覆 NLP（自然语言处理）核心算法，独特的偏重实例层的多层语义知识网络，基于图版映射的规则归纳和知识推理，通过机器学习、深度学习、神经网络学习等前沿技术创造出全新的知识表达模型，使其更加趋近于人脑的功能，能够真正理解文字背后的意图，提取核心信息。

在其他人工智能品牌还局限于语音识别阶段，只能机械地识别字词的字面含义，处理单一的、简单的对话时，齐悟则可以识别语义，理解上下文内在联系，像人脑一样具有记忆、理解和推理功能，可以处理多意图的复杂信息。一切需要语音对话的业务领域都可以应用齐悟大脑语音交互系统。

5. 企业文化

在公司成立初期，创业团队就形成了吃苦耐劳、团结协作的团队精神，凭着这些优秀的精神理念与坚实的技术基础，齐悟才有了今天的辉煌。在不断发展中，齐悟又形成了"做人靠谱、做事靠谱"的企业核心价值观。王一表示：靠谱就是凡事有交代，件件有着落，事事有回音。在浓厚的企业文化氛围下，齐悟的每一名成员都在为"创造真正懂你的 AI 灵魂伴侣"的企业愿景而奋斗，在做有趣的事情的同时，改变世界的梦想不再遥远。

6. 企业当前成果

2019 年 6 月，齐悟入选 2019 "创世技"颠覆性创新榜 TOP10、2019 人工智能产业独角兽 TOP50。

2020 年，齐悟荣获中国 AI 金雁奖。

2021 年，齐悟完成 B 轮超 1 亿元融资。

2022 年，齐悟入选中国科协榜单"科创中国 TOP100"。

2023 年，齐悟入选甲子光年评选"中国最具投资价值 AI 公司 TOP10"。

展望未来，公司计划在培养用户习惯的基础上，逐步取代现有的各类搜索引擎，成用户广泛使用的信息搜索工具，成为下一个互联网入口，争做行业巨无霸。从齐悟的创业史可以看到，公司的成长不是一朝一夕之事，是许多有共同梦想的人一起努力的结果，需要众多各具特色的人为一个目标而努力。

5.4 云蝶科技

广州云蝶科技有限公司（以下简称"云蝶科技"）是一家致力于用大数据和人工智能技术为传统产业提供数字化转型服务的高科技公司，创始人是华南师范大学的田雪松博士。公司成立 5 年来取得了高速的发展，年营业额持续攀升，产品和方案落地全国超过 100 个区县、4000 个项目，为教育、农业、建工等产业的数字化转型做出了诸多积极的探索。同时，云蝶科技也聚集了一批行业顶尖的产品技术专家和市场研究专家，依托清华大学、北京师范大学、香港科技大学等多所高校研发中心，在视觉识别、数字文本采集、大数据分析、专用处理芯片等领域拥有300余项专利和知识产权。

1. 创业初衷

在云蝶科技总裁田雪松看来，企业取得的成绩离不开对时代发展机遇的洞察与创新。2018年，教育部连续发布《中国教育现代化2035》《加快推进教育现代化实施方案（2018—2022年）》等多项政策，提出要把信息化摆在支撑引领教育现代化的战略地位。田雪松将目光投向了教育科技领域，希望创立一家以智慧教育为主业的科技公司。为了让这一想法付诸实践，前期他调研走访了多个国家，了解国际上教育科技最前沿的方向，调研教育发展的成熟路径，感受个性化教学的实践经验；同时他还深入国内的多个城市和乡村，关注城乡之间、区域之间、学校之间教育发展不平衡等问题。在此期间，他逐步形成了公司最初的价值观——科技将带给教育更多可能，教育让科技更有价值。

创业准备就绪，正值粤港澳大湾区规划落地，广州作为国家中心城市、粤港澳大湾区核心引擎，是理想的创业之所。地处广州海珠的琶洲片区，当时还是互联网创新集聚区，已确定要引入腾讯、阿里等十余家互联网领军企业在此建设总部大楼，产业服务体系完善，互联网创新环境优越，云蝶科技便落地琶洲，成为海珠区企业。后来，琶洲片区再度华丽蜕变，升级成为人工智能与数字经济试验区，也证明了这一选择的前瞻性。

数字经济是数字技术驱动的经济形态，发展数字经济可以提高劳动效率、资本效率、资源效率、环境效率，实现创新驱动的高质量发展。随着数字中国的国家战略的不断明确，以及公司业务的不断拓展，云蝶科技正式确立了"用数字科技创造美好生活"作为公司的使命。

2. 团队建立

2019年1月，广州云蝶科技有限公司在琶洲正式成立，由田雪松出任总裁，公司率先在教育科技领域迈出第一步。教育科技是一个相对细分的领域，在这条赛道上，已经有相当多的竞争者。云蝶科技作为新入场的公司，需要站位更高，因此从一开始公司就汇聚了多位计算机、大数据、教育等领域的专家和博士。同时，公司还与清华大学、北京师范大学、香港科技大学等多所高校的研发团队建立联系，在对行业趋势的把握、产品技术的研发等方面与同行相比具有突出优势。在团队成员的共同努力下，云蝶很快就拿出具有竞争力的智慧教育产品和方案，并得到了市场的认可。

3. 技术核心

数据是人工智能和行业数字化的核心，但数据采集是所有行业数字化面临的难点，没有数据，再好的算法都会成为无米之炊。云蝶基于对数字化的理解，率先提出柔性数字化范式，在不影响原有业务场景流程的前提下，以数字文本采集和智能声像识别技术为主要数据采集手段，依托大数据治理平台、多模态数据算法及领域大模型应用，实现核心业务流数据的无感采集、治理和价值挖掘，形成云蝶"常态数据采集－智能数据引擎－产业赋能平台"的技术架构和应用范式，从而有效解决重度依赖线下场景的业务数字化转型升级问题。柔性数字化范式的核心是从数据采集、数据分析到数据应用的数字化方法论。

在数据采集方面，云蝶科技拥有自己独有的专利产品——光学点阵纸笔技术，针对该技术，公司创始人田雪松拥有上百项专利。用户只需要使用普通打印纸和光学点阵笔，就可以实现对书写轨迹的自动采集，利用 OCR 技术可自动识别书写内容。这对教育、建工等很多离不开纸笔书写的行业来说，实现了无感数据采集。同时，云蝶科技和高校合作研发了基于边缘计算的视觉采集框架，利用这项技术，只需要很少的训练数据，就可以实现视觉识别的跨行业迁移。

在数据分析方面，云蝶基于学习元等类脑智能技术，研发了包括数字大脑、数字小脑、数字颞叶、数字顶叶、数字枕叶、数字脑干在内的云蝶智脑。通过迁移学习和增强学习算法，云蝶智脑具有数据自增长、能力自迭代、行业自迁移的特性。随着数据的不断积累，智脑会变得越来越强大，越来越具有市场竞争力，反过来又可以服务更多的客户，形成正向循环。

在数据应用方面，云蝶通过核心技术实现了智慧教育、智慧农业和智慧建工相关的产品。以云蝶智慧纸笔课堂解决方案为例，学校在教学与教研过程中，充分采集并挖掘课前、课中、课后教学数据，形成全维度数据报告，对学生学情进行数据诊断，精准指导和定向突破，在数据的驱动下，实现精准教学、精准教研和精准管理，助推区域教育优质均衡发展。同时公司还重视和行业专家的合作，以便用最快的速度形成好用的产品。例如，云蝶联合北京师范大学推出了智慧云校平台，联合华南师范大学推出了课堂教学质量监测系统，联合华南农业大学推出了农业大数据服务系统。

云蝶发现还有很多像教育这样的传统行业也亟待通过数字技术来进一步提升工作效率，实现向数字化的过渡。于是，云蝶科技将数字技术在教育行业的实践经验提炼为柔性数字化范式，并快速迁移至农业、建工两大领域，帮助相关传统产业实现数字化转型。随着数字经济发展日趋繁荣，云蝶从教育技术过渡到数字技术，从专注教育领域延伸至建工、农业等领域，云蝶实现了技术与业务的二次蝶变。

4. 商业模式

市场竞争的加剧和用户选择的多元化决定了云蝶想要在竞争中脱颖而出，就必须不断创新和调整营销模式。在公司发展初期，销售团队更多采用直接销售、渠道销售等常规的推广模式，使落地项目呈现分散化的特点。项目彼此独立、较为分散，意味着难以形成深度的项目关联，不利于业务与服务的长期、可持续推进。

为此云蝶提出"由点到面、小步快跑"的营销推广思路，如在教育领域，云蝶科技以区、县为布局单元，联合教育主管部门建设区域性的教育大数据应用中心。通过在当地建设1个区级中心、接入1所龙头校、分批接入区域内N所联动校，形成"1+1+N"的创新模式，提供效果可证的一体化数字教育产品及服务；通过病毒式效果传播，扩大区域内覆盖面和应用深度，并快速向周边区、县拓展复制。

不同于落地单个学校的点对点销售模式，区域性的教育大数据应用中心是一个面向全区学校的中心节点，它既是集成数据采、算、管、存、用、服于一体的综合性空间，又具备展示接待功能。校级管理者在这一设施完善的教育场景中，能够充分体验教育信息化、数字化落地效果，为学校数字化建设厘清思路、获得借鉴。在推广过程中，中心分期、分批次地将周边范围内的各级各类学校囊括进来，实现教育资源整合、教育数据融通，让区级教育管理者"一屏看全区"，为教育决策提供科学的依据。

2021年，云蝶落地首个西南区域示范点——柳州市城中区教育大数据应用中心，以大数据、人工智能为核心技术，提供集教育数据采、算、管、存、用及服务为一体的教育大数据综合性服务，引来大量主流媒体的报道，还登上了央视新闻。2023年，其华南区域的示范点——广州市海珠区教育大数据应用中心也正式投入使用，为探索大数据时代教育评价改革海珠模式、促进教育现代化提供了更多的支持。

从一个区级大数据中心出发，链接各个分散、独立的学校，构成一个随接入校的增多而逐步扩大的整体，由点到面，小步快跑，云蝶探索出结构化、可持续的业务推进方式。

同样的推广方式也被云蝶运用在建工行业。云蝶科技以建工项目中的数字桩基管理业务为切入点，在广东、广西两地在建项目中实施产品试点和标准化应用探索，而后逐步推广至全国建筑工程项目，并且由单一业务环节扩展至工程管理中报建、验收、信息备案存档等多个环节，将涉及工程项目成本、进度、质量、安全等的关键环节逐步纳入数字化管理范畴，让生产计划完善可靠，让管理决策有据可依，快速实现建工项目管理的数字化转型。

5. 市场成果

近年来，《中国教育现代化2035》等相关政策的出台，为我国教育事业的发展指明了方向，让教育现代化进程加速推进。教育数字化凭借其实用、智能、高效等优势，越来越受到学校的欢迎。

在深耕教育行业的四年发展历程中，云蝶通过高调亮相中国教育装备展、数字中国建设峰会、各省市教育成果展等大型展览会议活动，将云蝶智慧教育产品带到更多人的面前；通过举办中国基础教育大数据发展蓝皮书发布会、教育大数据中心揭牌仪式、"腾讯·云蝶未来学校"产品发布会、土木建筑高技能人才培养联盟成立大会等推出行业专业性研究著作，发布具有行业竞争力的解决方案，形成产学研合作共同体，彰显云蝶引领智慧教育发展的实力；通过参与国家级、省级相关竞赛评选，云蝶收获了第五届"绽放杯"5G应用征集大赛智慧教育专题赛一等奖，第六届"绽放杯"5G应用征集大赛江西区域赛教育赛道一等奖，相关成果被纳入智慧教育典型案例，赢得了业内的关注与认可。

合作能够打破竞争壁垒，促进知识与经验的共享，是实现多方共赢的桥梁。自公司成立以来，云蝶就与知名企业、顶尖高校、科研机构建立合作：与清华大学、北京师范大学等高校联合研发声像识别技术，用于学生学业与心理健康状态的监测；与华南师范大学共建华南课堂教学智能监测与发展中心，搭建课堂教学测评与改进系统，增强课堂教学评价效能；与广东省农科院水稻研究所合作开展数字种业研究，打造现代农业产业示范项目；与中国城镇化促进会联合开展数字乡村大脑课题研究，助力数字乡村理论研究与实践探索相结合；等等。多方集智聚力，在研发、实施等阶段，为产品和项目提供顶层设计与规划指导。

在公司创立后的短短几年时间内，云蝶科技就快速成长为国内领先的行业龙头企业，相继获得"国家高新技术企业""广东省专精特新企业""广东省数字技术与产业应用工程技术研究中心"等资质荣誉，也被相关权威机构评为"广州市拟上市高企百强""拟上市企业领头羊最强科创TOP10""中国高科技高成长50强""广州高科技高成长20强"，连续三年登榜"广州未来独角兽创新企业"，产品和方案广泛应用于教育、建工、农业等领域。

6. 社会责任

任何存在于社会之中的企业都是社会的企业。近年来，履行社会责任正成为衡量企业成功的关键因素。致力于用数字科技创造美好生活的云蝶科技，也将社会公益渗透在企业的一言一行中，从教育帮扶到乡村振兴，始终履行作为社会企业的责任。

多年来，云蝶科技联合社会公益机构，为广东英德、山西广灵、贵州贵定、青海大通等地的多所中学捐建智慧教育装备，改善当地的教育教学条件，让地处乡镇的师生们享受到与城市同等的教育资源，缩小城乡之间的教育差距，促进教育发展趋向优质与公平。

此外，云蝶科技还积极投身乡村振兴事业。在清远连樟，云蝶打造连樟村数字平台"云上连樟"，以小程序为载体，将信息技术与乡村振兴深度融合，重点打造村务管理、乡村旅游整村运营管理、农产品线上展销等功能板块，提高了乡村管理效能，成为连樟"百事通"。在梅州蕉岭县，云蝶科技党支部与蕉岭县长潭镇乡村振兴驻镇帮镇扶村工作队党支部进行结对共建，通过组织党建共建会议、走访当地中小学校、探望光荣在党50

年老党员等,深入乡村振兴各个领域开展交流与合作。2022年6月,清远英德遭遇百年一遇的洪灾,云蝶科技党支部与相关部门紧急采购食物、矿泉水等救灾物资送往受灾地区,为保障受灾群众基本生活尽绵薄之力。在广东省农业农村厅、广东省文明办等联合发布的 2022 年"千企帮千镇万企兴万村"行动典型评选中云蝶科技被评为"广东百佳爱心帮扶企业"。

面向未来,云蝶科技以"用数字科技创造美好生活"为使命,在加速关键技术创新、激活数字生产要素、延伸产业数字化场景等方面,云蝶持续推进大数据和人工智能等数字技术与传统产业深度融合,将数字化、高质量的产品与解决方案提供给用户,加速产业数字化转型进程,朝着数字经济高质量发展、建设数字中国的目标更近一步。

5.5 众禾智慧

众禾智慧成立于 2021 年,是一家集智慧农业高端硬件生产、农业物联网管理系统建设、大数据云平台的研发能力于一身的科技型企业。近年来,众禾智慧发展迅猛,年营业额超 800 万元人民币。其业务范围已覆盖超过 18 个省份,是国内领先的智慧农业综合解决方案提供商。

1. 初心与机遇

众禾智慧的创始人李桂森认为,公司的发展得益于时代的红利。李桂森来自黑龙江的农村,他有强烈的农业情怀。少年时期的李桂森受碧桂园集团负责人杨国强先生的资助进入了广东顺德国华纪念中学学习,这里有来自全国各地家境贫困但品学兼优的优秀学生。这段时间让李桂森看到了发达地区的繁华,他立志要学有所成建设家乡。经过 6 年的努力学习,李桂森终于考回家乡哈尔滨工业大学,进入飞行器制造工程专业,但相比于绘制图纸和机械制造,他更喜欢与人打交道。

2019 年,李桂森接触到了物联网,同时也感觉到物联网对农业生产的帮助和前途无限的农业物联网蓝海市场,创业的想法涌上心头。于是在 2020 年,他和几个朋友开始进军农业物联网行业。为解决启动资金问题,李桂森采用非传统方式进行融资。通过与行业头部公司谈判达成一致意见,团队作为其销售子公司运营,并得到了大企业背书和员工工资保障。

起初团队主要扮演经销商的角色,自己并不具备软件研发和硬件设计制造能力。然而,在合作终止、创始团队成员陆续离职等事件发生后,公司受到资金和研发能力的双重掣肘,团队的生存面临巨大考验。在这个关键时刻,李桂森开始重新审视团队定位和发展方向,并意识到仅作为经销商无法长久立足于市场竞争中。因此,团队决定转变策略,积极寻求增强自身研发能力的途径。

2. 团队形成

2021年4月，赵晓龙加入团队。有趣的是，赵晓龙当时就职的公司正是李桂森之前工作的公司，但是两人之前没有任何交集。赵晓龙偶然听说公司的某位同事离职创业之后，创业之心躁动，经过深入交谈后，他们发现彼此对创业有着相似的理念和目标，并且彼此的技能与经验能够互补，两个人迅速建立起良好的沟通与合作关系。因此，在5月份时，赵晓龙正式加入团队，并独自负责软件研发工作。这样一来，团队中增添了一个专注于软件研发领域的成员，为团队提供了更多实力和资源支持，同时也弥补了之前缺乏软件开发能力的不足之处。

2021年6月，一位笑容灿烂的年轻小伙儿敲响了众禾智慧办公室的门。李桂森和赵晓龙两人与他进行了30分钟的谈话，他们立刻感受到了彼此之间的默契和共同目标。这个小伙子名叫邵赟新，他在硬件研发领域有着丰富的经验和深厚的技术功底。在短暂而紧凑的交流中，邵赟新展示了自己对于硬件设计、制造以及物联网技术的深入理解，他还分享了自己关于未来农业物联网发展趋势以及消费者需求变化等方面的见解。李桂森和赵晓龙被邵赟新所展现出来的才华和潜力所吸引，并认为他是团队需要的合适人选。由此，邵赟新正式加入团队，负责硬件研发工作。2021年7月，众禾智慧正式成立，并开始全力投入到产品开发与市场推广中。

随着时间的推移，众禾智慧团队逐渐壮大，并在市场上取得了一定的成绩。李桂森负责市场定位和拓展，赵晓龙专注于软件研发，而邵赟新则致力于硬件研发。他们紧密合作，相互补充，在各自领域内不断创新与突破。

目前，众禾智慧的员工已经增加到15人。其中有些同事在李桂森创业初期就加入团队，并一直陪伴至今。回想起当时的面试过程，他们不禁感叹：一个农业物联网公司只有几张办公桌和寥寥几个人，自己当时是如何做出留下来的决定呢？理由其实很简单，当有一群志同道合、具有共同目标和价值观的人聚集在一起时，相互吸引便成为一种自然而然的事情。这种共同目标、默契和合作精神将在创业过程中起到关键作用，并为团队的发展打下坚实基础。

3. 商业模式

传统农业面临着诸多问题，如土壤质量不均匀、水资源浪费、施肥不精确等，这些问题导致农作物产量低下和质量不稳定。在信息时代，云计算、传感器技术和人工智能等先进技术为解决这些问题提供了新思路。因此，李桂森等看到了一个巨大的商机：利用现代化科技手段改善传统农业生产方式，推动中国乡村振兴战略。

众禾智慧的商业模式主要包括客户细分和价值主张、关键合作伙伴、渠道和销售策略等方面。首先，众禾智慧将农业领域作为目标市场，并针对不同类型的农场、种植园和养殖场等进行客户细分。通过基于物联网技术的解决方案，公司提供给客户实时监测和管理土壤湿度、气象条件、水质状况等数据的能力，帮助他们优化生产过程并提高产量。在关键合作伙伴方面，众禾智慧与传感器制造商、云平台服务提供商以及农产品流通企业建立了紧密的合作关系，共同推动整个物联网生态系统的发展。此外，公司还通过线上线下多渠道进行销售，并采用直接销售和代理商渠道相结合的方式来覆盖更广泛的市场。在收入来源方面，除了硬件设备销售之外，公司还提供软件订阅服务以及数据分析与咨询服务等增值服务来获取持续稳定的收入。通过以上商业模式的构建，众禾智慧成功地将物联网技术与农业生产相结合，为客户提供了全面的解决方案，并实现了自身的商业增长。

4. 产品与服务

众禾智慧的主要产品是基于云计算、传感器技术和人工智能的智能农场管理系统和农业高端硬件。他们开发了一套完整的解决方案，帮助农民实现精细化管理和提高生产效率。

该系统通过安装在田地中的各种传感器实时监测土壤湿度、温度、光照等环境参数，并将数据通过无线网络传输到云端进行分析。传统方式下，种植者往往凭借经验和感觉来管理田地，但这种方式容易导致资源浪费和低产量。有了智能化管理系统后，他们可以根据实时数据进行精确灌溉、施肥等操作，大幅度提高了作物产量，并且减少了水和化肥的使用。

用户可以通过移动应用程序随时随地查看并控制设备，例如灌溉系统、施肥机等。此外，系统还提供预测病虫害风险、作物生长状态监控等功能。众禾智慧开发了一系列先进的农业硬件设备，包括传感器和植保设备等。这些硬件设备具有高精度、稳定性强以及耐用性好等特点，可以准确获取田地中各项环境参数，并根据需求进行相应操作。

除了产品本身，众禾智慧还提供了一系列增值服务。他们与专业团队合作，为客户提供技术培训、咨询服务和售后支持等方面的帮助。这些服务不仅能够帮助客户更好地使用产品，还能够根据客户需求定制个性化解决方案。

众禾智慧在产品研发初期确实面临一些挑战。起初，他们缺乏设计制造经验，只能模仿市场上已有的产品。然而，凭借着坚持不懈的研究精神和创新意识，他们逐渐从市场跟随者转变为市场开拓者，成功推出了高品质的农业物联网管理系统和硬件设备。众禾智慧的产品采用边缘计算和人工智能技术，通过传感器收集大量农田数据，并将其上传到云端进行分析和处理。这种边缘计算架构使数据处理更加快速、高效，并降低了对网络带宽的依赖性。同时，在人工智能方面，众禾智慧利用机器学习算法对大量数据进行训练和分析，以提供精准的农田管理建议。例如，在土壤湿度监测方面，他们可以根据历史数据预测最佳灌溉时间和水量；在作物生长监测方面，则可以根据光照、温度等因素提供合理施肥建议。此外，众禾智慧还注重硬件设备的高端化和创新。他们不断改进传感器技术，提高数据采集的准确性和稳定性。通过边缘计算、人工智能和高端硬件的结合应用，众禾智慧在农业领域取得了显著的进步，并为农民提供了科学化、精细化的管理方案。

5. 企业文化

李桂森常说，众禾智慧所取得成绩是全体众禾智慧人辛勤付出的结果。作为平均年龄 90 后的团队，众禾智慧既是时代红利下幸运儿的缩影，也是年轻一代奋起拼搏的典范。带领团队一同发展，并让大家共享事业成就所带来的果实，正是李桂森创办这家公司的初衷与愿望。

众禾智慧始终重视每位同事的工作体验和个人成长，认真对待每位同事提出的意见，并及时做出反馈。为了提升员工福利，公司设立了零食区，以满足大家在工作间隙的小需求；同时，也根据雨雪天气等特殊情况，灵活调整弹性工作时间，让员工更加便捷地上下班。此外，还推行带薪休假和定期体检制度，关注员工身心健康。

除了关注员工福利外，众禾智慧也非常重视打造学习型团队。公司不断丰富内部培训和学习交流机会，在各式各样的部门内训中持续充实每个个体，同时鼓励员工继续攻读学位和考取技能证书，在职业发展方面给予支持与鼓励。

通过这些措施和机制，众禾智慧致力于营造一个积极向上、有温度、有发展空间的企业文化环境，并不断促进员工个人成长和团队整体进步。李桂森相信，只有每位员工都能够获得满意的工作体验和持续学习的机会，公司才能不断发展壮大。

6. 未来展望

众禾智慧的愿景是成为现代农业领域的亲历者、破局者和开拓者。他们始终坚持创新精神，不断探索和突破，在产品研发过程中克服了种种挑战。通过与农民合作，众禾智慧深入了解到传统农业面临的问题和需求。他们积极投入资源进行技术研发，并与专家团队紧密合作，以提供最先进的解决方案。经过多次试验和改进，他们成功推出了高品质的农业物联网产品。随着市场对现代化农业需求的增长，众禾智慧逐渐从市场跟随者转变为市场开拓者。他们积极寻找国内外合作机会，并与各地政府、企事业单位建立起良好的合作关系。通过共同努力，众禾智慧在全国范围内推广其创新产品，并取得了显著成果。未来，众禾智慧将继续致力于推动现代化农业发展。他们计划加大科技投入，在人工智能、大数据分析等领域进行深入研究，以提供更智能化、更高效的农业解决方案。同时，他们将继续与各界合作伙伴密切合作，共同推动现代农业的发展。众禾智慧相信，在不久的将来，通过技术创新和持续努力，他们将成为现代农业领域的引领者和标杆企业。他们希望能够为全球农民提供可靠、高效、可持续的解决方案，并为实现粮食安全和可持续发展做出贡献。在这个愿景下，众禾智慧坚定地走在了通向成功的道路上，并且充满信心地迎接未来的挑战。

5.6 米哈游

米哈游是国内知名的游戏公司之一,它还是一家创业企业。从创业的角度来看,开发游戏是大学生创业成功率较高的领域(相比其他领域普遍不到 1% 而言比较高),因此我们选取一家具有代表性的游戏企业作为案例。

1. 创业故事

2011 年,上海交通大学的研究生刘伟、蔡浩宇、罗宇皓拿到上海市科技创业中心大学生创业基金会"雏鹰计划"的 10 万元资助并创办米哈游。同年 9 月,米哈游第一款独立制作的游戏《FlyMe2TheMoon》问世,一年后,《崩坏学园》上线。这款游戏在当时并不赚钱,也没有获得大多数用户的认可。在蔡浩宇看来,《崩坏学园》上线后的 2013 年是米哈游最困难的一年。据刘伟回忆:"拿的是投资人的钱又不挣钱,其实你是没有退路的,所以我们给自己开的工资是一个月四千块钱。当时我们中的任何一个同学找工作,都能够拿到远高于此的工资,可能是一万多甚至是两万多。"

当年,蔡文胜曾质疑米哈游专注手游开发的策略:"你们忽略了一个问题,目前中国很多人还是没有智能手机的。"而《崩坏学园 2》上线的 2014 年恰好迎来了智能手机的普及,也算是在正确的时间踩在了风口上。

随后,米哈游开始一发不可收。2014 年 7 月,米哈游推出的四格漫画《崩坏学园》上线。2015 年 2 月,米哈游推出短篇漫画《崩坏学园 EX》;2016 年 10 月,3D 动作类游戏《崩坏学园 3》上线。2017 年 2 月,米哈游向证监会提交 A 股上市申请;同年,《崩坏学园 2》的账户数量超过 4400 万。2020 年 7 月 30 日,米哈游推出律政恋爱推理手游《未定事件簿》;同年 8 月,米哈游推出了以旗下虚拟偶像鹿鸣为主人公的动态桌面软件《人工桌面》;同年 9 月,米哈游获得上海市徐汇区"2020 年度徐汇区企业技术中心"认定;2020 年 9 月 15 日,由米哈游自研的开放世界冒险游戏《原神》迎来 PC 版技术性开放测试;2020 年 9 月 28 日,《原神》正式开启全球同步公测。

2021 年 3 月,米哈游在中国手游发行商收入排名中位列第三;同年 7 月,米哈游入选 2021—2022 年度国家文化出口重点企业公示名单;同年 12 月,App Annie11 月游戏厂商出海收入榜单中,米哈游位居第一。

2. 企业文化

米哈游的口号是"技术宅拯救世界",企业愿景是在 2030 年打造出全球十亿人愿意生活在其中的虚拟世界。然而,这些并不能完全代表米哈游的企业文化,我们可以从一些会议中创始人的发言和公司的行为上窥见一些米哈游的企业文化。

2021 年,在上海各大游戏公司的一个内部分享会上,刘伟曾表示:这几年上海新兴的游戏公司都做得还不错,原因之一是大家做游戏的心态比较端正,前几年有些所谓的互联网红利，让大家没把游戏当作内容来做，所以过去游戏行业有些乱象。这样的观点并没有被在场的很多人接受，然而实际上，用心做事、守正创新确实是米哈游成功的秘诀，也是它在游戏玩家中好感度极高的原因。

同年年底的中国游戏产业年会上，刘伟做了题为"以工匠精神守正创新，勇担社会责任"的演讲。演讲中刘伟表示，"守正"最基本的要求就是规范企业，发挥党组织的引领作用，做好品质优良的游戏产品，坚守内容安全，坚决落实主管部门的要求，规范经营。为了做到守正，米哈游成立了党委，由刘伟担任党委书记，亲手抓公司党建，他十分注重将党的组织优势转化为企业发展优势、将组织活力转化为企业的发展动力，充分发挥党组织的战斗堡垒作用。以 90 后为主的党员在产品策划、内容审核和技术研发等关键部门起到了不可或缺的先锋模范作用。

除了守正，刘伟还聊到了创新，他表示：米哈游的创新主要体现在产品上，就是将传统文化巧妙地通过现代化的方式展现，让游戏成为文化传承、文化自信的重要载体，让更多的人能够接受传统文化，喜爱中国文化，这也是游戏企业义不容辞的责任。

据刘伟说，米哈游内部复盘《原神》能够取得好成绩，就是因为在创作和宣传的过程中加入了大量的中国传统文化元素，利用一种新的方式向全球的玩家展现了中华传统文化的魅力。

综上所述，如果读者希望开始游戏方向的创新创业，可多多借鉴米哈游的经验，认真地做，并不断汲取中国的传统文化养料，以开放的国际视野去做。

小结

本章介绍了 6 个比较成功的创新创业案例。这些创新项目或者创业公司各具特点，规模从初创公司到巨型公司均有涉及。例如，科大讯飞至今仍是市值百亿的巨型公司，以人工智能技术见长。智因未来、齐悟和米哈游都是来自校园创业大赛的获奖项目，前两个项目都与人工智能有关，齐悟和米哈游更贴近市场，形成了可销售的产品。云蝶科技和众禾智慧是帮助其他行业做数字化转型的技术公司，B2B 的营收模型也更加直接、简单，便于落地，普通创业者更加容易模仿。

读者可以从中间选择与自己最贴近的项目进行参考。当然，任何成功都受环境、时机、资源等一系列因素的影响，照抄成功者必然是不会再次取得成功的，我们要在吸取成功经验的同时，根据自己的优势，走出自己的创新创业之路。

思考题

1. 从本章找到一个最接近你自己的项目的案例，分析其成功因素，思考在今天的技术和竞争环境中，你还可以借鉴或者改进其中哪些做法。
2. 寻找一个你身边的创新或者创业案例，并尝试用所学的知识分析这个案例成功或者失败的因素。

第6章 时代召唤下的创新与创业

6.1 浪潮之巅，新时代的召唤

21世纪，创业已成为一种价值导向、一种生活方式、一种时代气息。人们的消费方式呈多元化和多样化，人们有更多新的需求，这也催生了许多新产业、新业态、新产品和新服务。在信息高速发展的时代，信息技术给人们的生产和生活带来了极大的便利。例如，通过电子商务平台，人们足不出户就可以买到自己想要的东西，并且享受送货到家的服务；不管相隔多远，通过即时聊天工具就可以跨越距离障碍，随时看到对方；人们还可以很方便地远程控制设备、跟踪货物信息；等等。因此，作为信息技术之魂的软件，其创新创业已经成为新时代的要求。

在此背景下，各种软件相关的创新技术、理论和应用不断涌现，其中，大数据和人工智能是最为热门和引人注目的领域。

人工智能在大数据时代的创新和发展形式主要有以下几种。

- 识别系统。这种系统主要利用计算机的存储和计算功能，对人或者物体进行识别。例如，现在的智能手机系统大多带有指纹识别、指纹解锁的功能，即先对使用者的指纹特征通过一定的手段进行提取并存储，下次将其与输入的指纹特征进行比对以区分使用者的身份。这是一种智能识别系统，在这种系统下，即使手机被人拿走，手机中的内容也无法被盗取，从而保证了用户信息的安全。因此，智能识别的作用巨大。
- 专家系统。该系统能使信息的处理更快速、更专业，从而帮助人们解决难题。例如，计算机上的360软件管家就是帮助人们下载软件、清理内存、防止病毒入侵的专家系统。
- 符号计算。该计算形式帮助人们运用软件更好地计算出精确的数据。例如，企业的财务会计、生产计划、物资采购中都会用到此功能。
- 人工神经网络和机器情感。这种系统相对以上几种系统较为先进，是科学家创新的主要方向。众所周知，人工智能是指通过普通计算机程序来呈现人类智能的技术，但是计算机本身是没有任何情感的。当前，科学家正在利用大数据系统联合生物、物理等多个领域，研究人类的大脑神经，从而让机器能够拥有和人一样的情感。

大数据是指不同来源、不同类型、代表不同含义的海量数据。利用已经收集到的大数据，人们可以建立各种数学模型并进行模拟运算，从而获得数据之间的各种关系、变化规律和趋势，以及可能产生的影响等。例如，通过医学数据的积累和分析，可以预测疾病发生的概率，以及如何更好地进行治疗；通过对人们日常消费数据的积累和分析，可以预测消费需求，促进销售；通过对环境数据的积累和分析，可以预测未来气候变化，防范自然灾害；等等。总之，大数据使人们的工作和生活变得更高效、更轻松、更便利。

当代社会，各种类型的数据产品、智能产品层出不穷，为人们的生产和生活做出了重大的贡献，这些都是人工智能和大数据结合的产物。例如，人工智能机器人在生产和活动中，需要大量的数据支持和知识支撑，而这一切都离不开大数据。同样，大数据要想获得更大的发展、创造更新的产品和技术，也离不开人工智能的支持。

那么在大数据背景下，针对电商企业的创新和创业会有哪些新的特点呢？下面对此进行介绍。

1. 有效的规划和精准的营销策划

市场营销从开始到结束都是企业追求利益最大化的手段。精准营销通过定量和定性相结合的方法，在进行精准定位的基础上，依托现代信息技术手段捕获目标受众的消费心理和消费行为等信息，建立个性化的顾客沟通服务体系，建立恰当的信息传输通道，并对顾客进行有针对性的营销活动，实现"一对一营销"，实现企业精准、可衡量和高回报的营销沟通，达到对效益最大化的追求[1]。亚马逊公司就是通过大数据来促进销售的，这也使亚马逊的数据操作具有鲜明的特点。从用户数据的收集开始，亚马逊的数据系统就详细地记录着每个个人用户的搜索页面内容，其中包括搜索的产品的详细信息以及该用户在每个页面上的停留时间，并且对同类产品进行比较，最后为用户推荐一款或多款产品。除此以外，亚马逊还会采用一些小技巧，例如，通过一些微不足道的操作将某一新产品或新实物推向不同类型和阶层的用户，而且通过"抽奖"之类的交互式插件的使用，来获得参与相关活动的用户的反馈信息，以便通过分析用户数据更加了解用户的真实偏好。因此，得益于对用户数据的挖掘，亚马逊对用户的爱好、消费习惯以及购物偏见和潜在需求都如数家珍。这些都有助于做到数据完整的精准营销。

2. 数据服务已成为创新创业的发展趋势

腾讯、阿里巴巴以及百度等知名网络平台都已经相继成为通过数据挖掘获得巨大财富的数据的所有者。显而易见，数据业务已成为中国电商的核心业务，销售数据和相关服务也已经成为一个新的创收增长点。以阿里巴巴为例，阿里巴巴集团每天都会获得海量的用户数据，仅淘宝网每天便可获得约 7000GB 的数据量。这些数据主要包括商家的店铺内操作和营销信息、物流企业配送信息以及消费者的浏览和交易信息[2]。打开淘宝网数据平台，例如，对于个人用户来说，"淘宝指数"可免费展示信息给公众，公众可以通过各种指标、指数了解行业和宏观经济。阿里整合其所有电商模式的基石——大数据平台已经形成，淘宝正在转化为电商"生态系统"的基础服务提供商和数据服务提供商。

另外，近年来我国数字经济呈现出快速增长、蓬勃发展的趋势，且其占 GDP 的比重也在不断增加。数字经济规模持续扩大。信息技术、大数据、人工智能的不断发展推动了数字经济的大幅度增长。根据图 6-1 中的数据可以看出，2022 年我国数字经济规模达到 50 万亿元以上，占国内生产总值的比重超过了 40%。

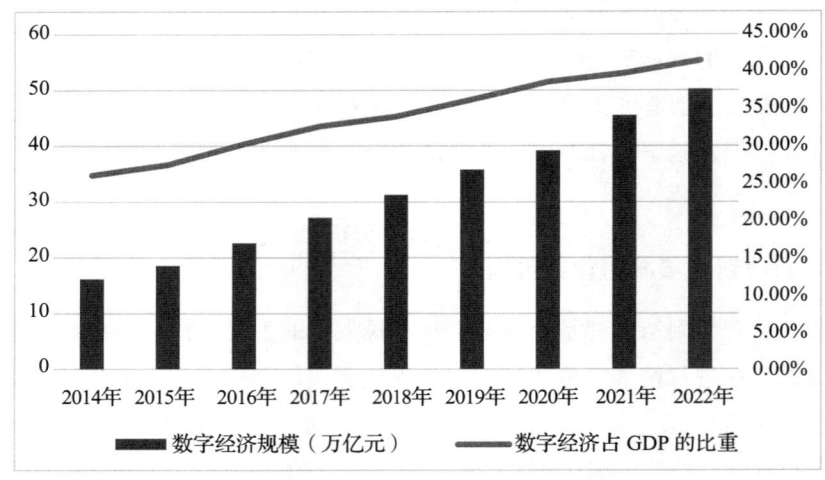

图 6-1　数字经济规模及其 GDP 占比

可见，无论从数字经济规模上还是数字经济占 GDP 的比重上看，在国际经济环境不稳定的形势下，我国数字经济在 2014 年以来都保持较高的增长速度。所以数字经济目前可以说是辐射面最广、最具创造性的经济模式。

在增长速度方面，近年来数字经济的增长速度均大于 GDP 的增长速度，甚至在全球经济下行的情况下，仍然保持较高的增长速度，可见数字经济对我国经济的拉动作用是非常大的，图 6-2 是我国十年来数字经济与 GDP 增速对比情况。

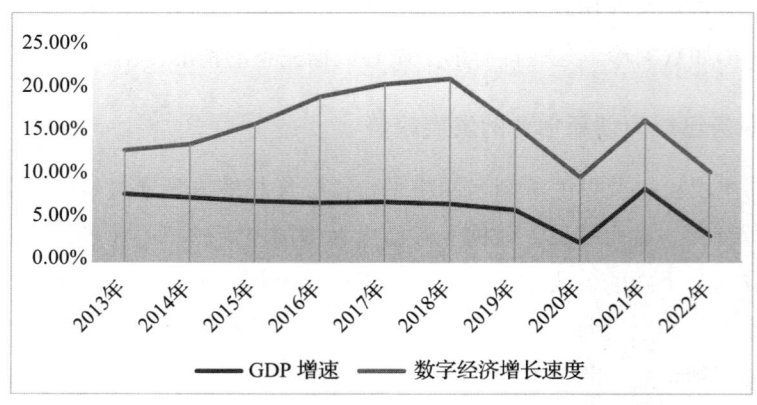

图 6-2　我国十年来数字经济与 GDP 增速对比情况

此外，中国的数字化经济规模和市场主体不断扩大。2022年，中国有145家企业入围世界500强。相关统计数据显示，2022年，我国5G基站总规模超过150.6万个千兆网络端口，总数达到841个，数字化、智能化应用功不可没。从这些数据可以看出，数据服务已经成为创新创业的新趋势，数字经济的发展给人们的日常生活带来了许多便利，无论是在直播电商还是在在线教育、远程办公方面都发挥着不可或缺的作用。

3. 以增强用户体验为核心的服务理念

提高产品与服务的用户体验和认可度是产品获得用户和市场的重要支撑，谁的用户多，谁就可以占领市场。一个典型应用是京东的终端用户打造模式。京东每天产生数亿条个人信息，其用户分析程序设置了一些个体识别模型，京东根据用户的特点向其推荐相应的产品，这在很大程度上提升了京东用户的消费体验。

大数据虽然给电商带来了整体繁荣的景象，但也带来了很多亟待解决的问题。

第一，数据安全隐私管理是电商企业在大数据时代不得不面对的重要问题。众所周知，在大数据时代，在屏蔽外部数据的基础上进行个人信息的分析和挖掘是一个不现实的美好愿望[3]。现阶段，几乎所有社交网站都会不同程度地开放用户的实时数据，这些数据记录了用户注册时的个人信息以及浏览网站时的历史记录，这些数据被一些提供商收集之后进行整合和分析，可以让电商企业掌握个人用户的消费倾向和喜好，较为准确地预测客户的需求点，从而在创新商品时大大提高成功率，企业的利润空间会因此得到大幅提升。另外，利用这些数据通常可以精确地锁定网络用户，还可以进一步挖掘用户的个人信息以及其银行账号和密码等隐私信息。这些隐私信息一旦泄露，后果不堪设想。

第二，对于电商企业来说，客户的信息数据具有重要价值。近年来，阿里巴巴以及京东等第三方网络交易平台和电子商务网站蓬勃发展，它们得到了有关经营者和消费者的大量信息，这些信息包含用户的收入状况、消费习惯和信用等。利用大数据理论和技术，对用户的网络购物和支付等数据进行深度挖掘和分析，可以发现大量有价值的信息。还可以分析商业数据产品的行业搜索、浏览和交易等，这些研究结果可用于企业数据化运营和市场行业研究等。由此可知，拥有较多数据的企业发展起来就会更容易。

基于以上阐述，可以相信在大数据环境下，电商企业管理模式存在天然的创新优势。从我国现状来看，电子商务企业开始意识到大数据时代的到来将对未来产生重要影响，同时开始针对大数据领域进行探索和研究，这一系列举动让电子商务得到了非常迅速的发展，由此衍生的全新的数据管理模式，也让电商的整体服务模式得到革新。未来数据的实际应用将会决定企业的经营情况，新的营销管理模式更能满足市场发展的需要。

当前，全世界正在进行一场新的技术革命，其中主要聚焦于高端技术领域，大数据、云计算、物联网、人工智能、区块链等新兴技术正在不断发展，这些新技术已经渗入许多行业中，可以说未来各行各业的转型升级都离不开这些新兴技术。《广东省国民经济和社会发展第十四个五年规划和 2035 年远景目标纲要》[4]（下面简称《纲要》）中明确指出，以粤港澳大湾区国际科技创新中心建设为引领，坚持科技创新和制度创新双轮驱动，以建设国家数字经济创新发展试验区为契机，围绕数字产业化和产业数字化，聚焦提升产业发展能级、培育创新发展生态、发展新业态/新模式，大力推动数字经济高质量发展。《纲要》中强调科技创新，推动数字经济。深圳一直以来都是中国创新城市的典范，改革开放短短几十年取得的成就离不开其不断创新的精神，它在高精尖领域，包括计算机、通信、电子等领域，具有较强的创新实力。深圳积极培育机器人、可穿戴设备、智能装备等未来产业，设立专项资金对产业进行大手笔扶持，市财政设立机器人、可穿戴设备和智能装备产业发展专项资金，支持产业核心技术攻克、产业链关键环节培育和引进、重点企业发展、产业化项目。

6.2 大胆创新，理性创业

当今世界，随着信息的高速发展，越来越多的软件相关产业也如雨后春笋般成长起来。纵观整个中国市场，信息化用户总体需求不改上扬趋势，软件行业的市场需求仍然巨大，因此，对于软件行业创新创业的前景应抱着极大的信心，不过首先要对软件产品项目开发有一个整体的、清晰的把握，本节将介绍以下几个方面。

1. 软件产品项目开发的产业背景

近两年来，以软件和信息服务外包为主要业务的软件产业获得了超常规的快速发展，形成了产业和企业的集聚效应，大批跨国公司和国外软件企业在国内设立了研发中心和服务中心。与此同时，国家推行的两化（工业化和信息化）融合，企业、政府、教育机构对信息化办公、信息化管理的迫切需求，以及服务行业对信息化服务的需求和依赖，使计算机和软件行业的发展越来越快，也使软件行业的市场需求量越来越大。因此，做好各类软件产品、实现好信息化系统将会带来长远的经济效益和社会效益。

2. 软件产品项目开发的方向

与市场上现有的同类产品相比，软件行业的产品概念新颖、顺应时代潮流。在快节奏的生活中，软件产品大大节省了人们的时间和精力，网民数量的增加使其更具有影响力。比如广告软件将广告的宣传形式变得新颖，使广告充分发挥其宣传作用，这对投放广告的商家非常有利，同时该软件能够被网站管理员灵活运用，对网站页面之间的切换和刷新起到很好的控制作用，不会出现广告滞后产品的状况。目前，市场上软件理念的应用非常广泛，毫不夸张地说软件行业已经极大地改变了人们的生活，所以，只要有创新的点子，软件行业永远不缺市场。

在电子商务市场，常见的是为网店店主或者小型电商企业打造适合其自身发展规划的软件应用系统，这种系统的功能针对性强，它能够为小型电商企业或者网店店主提供详细的商品季节性销售分析、利润分析等各种财务、业务、商品分析服务，同时能够为这些商家存储较为完整的客户信息，并充分利用这些数据，发掘出其中的商业价值。同时，该系统可扩展性较好、操作简单、界面美观，而且价格便宜，很适合小型电商企业和网店店主使用。该系统具有模块化、组件化的特点，因此可以方便地增加或者减少功能，灵活性较强，体现了软件开发高内聚、低耦合的特征，极大地降低了后期扩展的成本和难度。该系统面向的客户群体庞大，他们自身的发展空间也很大，因此，小型企业软件应用系统有巨大的市场潜力，是创新创业的方向之一。

近年来，人工智能软件产品异军突起，比如阿尔法狗、无人驾驶汽车、人脸识别技术开始逐渐应用于人们的日常生活中，不出几年，软件行业必将再一次展现其魅力，这也是创新创业的契机。在大数据领域，创新的机会更加广泛。

3. 软件创业的市场特征

目前，网络存在三个方面的价值。第一，网络深刻地改变着人们的生活和交流方式，消费者的时间不再全部属于电视、报纸、杂志，影响主流消费群体的媒体主要是互联网；第二，受众价值越高，网络对他们的影响越大，网络覆盖了中国80%以上的富裕阶层和大学生，高居所有媒体榜首；第三，网络对产品的各项指标，包括品牌好感度、预购率等有着相当大的提升作用，而不仅仅是曝光率。

由我国的软件创业项目在不同媒体平台的发展情况可知，近几年，我国各个网络媒体都获得了快速发展，主要原因在于软件行业对于客户拥有极其科学的管理方法，可以概括为以下几个方面。

- 客户概况分析，包括客户的层次、风险、爱好、习惯等。
- 客户忠诚度分析，指客户对某个产品或商业机构的忠实程度、持久性、变动情况等。
- 客户利润分析，指不同客户所消费的产品的边缘利润、总利润额、净利润等。
- 客户性能分析，指不同客户所消费的产品按种类、渠道、销售地点等指标划分的销售额。
- 客户未来分析，包括客户数量、类别等情况的未来发展趋势，以及争取客户的手段等。
- 客户产品分析，包括产品设计、关联性、供应链等。
- 客户促销分析，包括广告、宣传等促销活动的管理。

目前，中小企业软件应用市场日趋成熟，而大型企业的软件应用市场已经饱和。中小企业用户的软件应用市场尚有创业的空间，中小企业用户软件应用市场的客户关系管理、销售自动化、订单管理领域有望在以后实现快速增长。这一市场的竞争将愈发激烈，越来越多的软件创业者开始倾向于为中小企业提供最佳配置的商业软件系统，国内外的软件应用提供商都看好中小企业软件应用市场，而众多拔尖的中小企业也纷纷表示要实施软件应用管理以提升企业竞争力。中小企业中将掀起软件应用热潮，这是时机成熟的必然结果，也是诸多因素共同驱使的。

市面上流行的小型软件应用系统仍然存在发展空间，还可以继续改进，这是创新创业的一个可能的突破点。人工智能软件市场主要掌握在高知识群体手中，创业的难度比较大，但是并不意味着该市场没有任何创业前景。想要创新创业，必须有创新的点子，目前很多网站不只是单纯地需要对软件应用进行增删改查，数据量也开始逐渐增加，比如在淘宝网，只要用户单击某个商品，网站会立刻向该用户推送其他商品，即使用户不单击鼠标，网站也会捕捉到鼠标悬停这一行为，从而进行商品推送，这都是人工智能算法领域的应用。

此外，软件在各个领域应用广泛，信息化的交流、办公、生产等都要用到软件。因此，软件项目在近几年数量倍增，政府机构、企事业单位等都需要大量应用软件为管理和办公提供支持。按照国家规范和行业标准承接好这些项目将会给创业者带来不错的收益，而在购买决策中，客户需求起着重要作用，很多单位和机构都会根据自身发展决策购买相关软件或者根据自身要求设计相应的软件产品。

4. 软件与市场的融合，软件市场分析

2008年的金融风暴影响了全球的软件行业，导致很多大型的IT服务提供商遭受损失，如微软、Oracle等IT巨头都不同程度地裁员或者延迟软件开发。然而，近几年中国市场对软件的需求量仍然很大，而且还在继续扩大。越来越多的政府部门和企事业单位开始实施信息化管理和信息化办公，面对这一情况，当前的软件开发商无法满足市场的需求，因此，各个软件开发商都开始增强自己的团队，更多的软件公司也相继诞生。例如，深圳瑞斯特朗科技有限公司拥有规范的开发团队、良好的人际关系网络和较宽的业务渠道，能够承接各类中小型项目，也能够参与合作开发各类大型项目（如电信、金融等项目），在这样的市场中逐步拓展出自己的空间。现有的主流网络购物平台有京东、天猫、淘宝等，各网络购物平台的每日交易数量多、交易频率高。网店店主以个人、小实体店商铺居多，他们是瑞斯特朗公司软件产品的主要客户，在全部客户中的比例约为70%，其余是一些拥有较好基础的大型卖家、商品提供商等，这些客户也更容易从瑞斯特朗公司的软件产品中获益。

新时代背景下，为寻求高质量、高效率发展，各个产业都在探索新模式，许多传统产业纷纷走向创新之路。例如，广东省服装产业近年来依靠"互联网+"和"大众定制"等新兴商业模式，再次迎来发展机遇，2015年出口服装类产品近400亿美元，占全国同类产品出口量的五分之一。广东省服装行业电子商务成长迅速，一些"淘品牌"在短短几年中就打开了知名度,与此同时,传统服装企业也开始拓展网络销售渠道。随着个性化、多样化消费逐渐成为主流,大众定制开始萌芽,与之配套的智能制造也进入服装企业,个性化设计与设计师品牌在广东蓬勃兴起,并借助互联网进一步吸引年轻消费群体。

又如教育行业,华为提出的"普惠教育"及智慧教室解决方案昭示着教育行业也开始寻求转变,运用物联网、互联网、人工智能等技术,向"智慧教育"迈进。从老师和学生的角度来看,该方案能使老师的课堂教学更轻松、更有趣,更能让学生融入学习中,可大幅提高教学效果和效率。从学校的角度来看,可以利用华为办公宝协作平板以及华为强大的智慧大脑"微云"实现教务一站式便捷管理,将老师和学生的情况采集并存储下来,进行全方位分析,从而有针对性地制定学校管理方案,并根据每位老师和每个班级的情况合理调整教学模式,这样做不只是提升学校管理效率,也有助于学校整体教学质量的提升。智慧教室能带给教育系统的转变远不止这些,它能帮助学校打造OMO教学环境,突破传统教室的时空限制,还能打造远程互动课堂,让各个学校都能公平地享有优质教学资源,也能帮助学校对各地分校进行统一管理,等等。总之,无论从哪方面来说,智慧教室这套完整的系统解决方案都对教育的长远发展有很大助益。

5. 软件创业公司的战略

在我国新兴的计算机软件与服务提供商中,创业者可以将打造的公司与一批国内外优秀的软件服务需求商、提供商,以及许多有远见的营销机构、投资者合作,努力发掘并培育本土软件研发资源。随着我国乃至国际社会的发展和文明的进步,互联网将成为世界的主导力量。创业者所打造的公司也将伴随着这一力量成长,努力有所发现、有所传播、有所贡献。创业公司应当拥有优秀的开发团队和管理人员,具备一定的科研能力,能自行研发新型软件;同时,创业公司也应该拥有一定的业务网络,能够承接各类外包项目,并能在较短的时间内提供高质量的软件。

那么针对短期的目标,创业开始三年的计划安排可以总结为以下几点。

- 完成预先的市场宣传和产品注册,构建销售网络。
- 承接一些外包项目来为公司积累资本。
- 完成公司门户网站的建设。
- 完成核心产品的研发、测试、发布,预先签订购买协议。
- 资金到位,及时更新产品,研发后续产品。

公司的长期目标不会局限于上面提到的几点,包括:利用公司核心产品所带来的丰厚收益,研究新技术,比如开发新的中间件等,拓宽公司的经营范围,开辟新的市场,成为大型的软件供应商,公司积极参与国际竞争,适时进入相应的国际市场。例如,小米公司看到了中国智能手机即将崛起的市场大趋势,用发烧级的定位、高性价比的产品，迅速积累了大量粉丝。

软件行业的创业又可从纵向延伸和横向延伸两个方向实现。

- 纵向延伸：立足软件领域，进一步完善和拓展软件开发和大型公司软件应用系统；开发新型软件产品视频管理系统；实现集网络社区、网络商店、网络软件以及即时视频管理系统于一体的大型商户网站。例如，京东商城、拼多多、阿里巴巴等，都是在其技术优势的基础上构建了大型商业平台。
- 横向延伸：广告宣传、二维码产品、开发网络游戏等，也可以涉及其他产业。例如，腾讯联盟广告是基于腾讯联盟生态体系，依托广点通技术在腾讯联盟流量上展示的广告。它汇聚了超过 10 万个优质的 App，Hero App 占比达到 75%，月覆盖用户达到 5 亿人次。它是软件行业横向延伸的一个非常成功的案例。它依据技术优势实现了精准投放、体验优化及作弊识别。广告展示类型包括原生广告、开屏广告、插屏广告、横幅广告等诸多形式。

6. 需要面对的机遇与风险

近年来，广东省在创新驱动发展的战略背景下，致力于培育和完善创新创业环境。首先，积极打造"前孵化器–孵化器–加速器–科技园区"的完整孵化链条，加大孵化器的建设力度，以此为平台推进"大众创业、万众创新"。2019 年年底，广东省已拥有孵化器 1013 家，其中约有 1% 的企业已上市，毕业企业总收入超过 3000 亿元。其次，广东省引进大量创新科研团队及科技领军人才。最后，在政策资金方面提供大力支持。

国家对技术创新的鼓励政策相继出台，这使得外部政策环境相对宽松；国家重视中小型高科技企业并加大对大学生创业的扶持力度，给予了公司广阔的生产环境；投资环境适合 IT 产业的发展；我国已经加入 WTO，进入国外市场更具优势。

创业者也必须防止可能出现的风险并要采取一定的措施提高公司的业绩和效率。例如，熟悉该行业的法律法规；及时抢占市场，提高产品的防盗版性；以 CMM3 级标准为要求，规范企业开发产品的流程；加强与其他 IT 企业的合作与交流；认真分析客户群体，针对客户特点，建立个性化的销售网络；加强对企业理念和企业文化的学习，形成良好的工作氛围；建立及时有效的信息反馈渠道，随时了解市场动态。

6.3 终身学习，永不止步

在现在社会，各行各业的竞争都非常激烈，如果不努力，被淘汰是很正常的事情，所以保持不断学习的态度是取得成功的必备条件之一。对于当下比较热门的软件行业也是同样的道理，因为这个行业并没有出现多长时间，现在行业中很多东西都是崭新的，旧的东西在不断地被淘汰，新的东西脱颖而出。软件公司为了自己内部能保持足够的竞争力在人才的引进方面下足了功夫，因为这些人才的学习能力很强，为了应对不断变化的市场环境，他们能够十分准确地找到需要学习和开发的方向，进而使自己在潮流中奋勇而上。

众所周知，创新是引领软件行业前进的最主要因素。所谓创新是根，努力是本，只有不断地创新才能使自己的根基更加牢固，也只有创新才能使自己在同行之间立于不败之地，然而创新的前提又是什么呢？很明显，只有不断地了解同行的优势与缺点，然后对其进行细致的分析，再给出合理的解决方案，就完成了创新的前奏，因为只有对这个行业的利弊有了充分的认识，才能确定创新的方向，进而完成自己产品的升级改造之路。下面就以企业如何在自身发展的过程中完成学习、发展和创新进行案例分析。

传奇人物埃隆·马斯克创立的 SpaceX 是全球唯一一家私人控股运营的火箭发射公司，其商业模式和技术创新都是值得我们深究的。下面将以 SpaceX 的发展历程为案例，深入研究其商业模式创新之路。

美国作为全球最大的经济体，其航天力量与经济发展水平有着很高的匹配度。目前，美国依然占据着世界航天领域的领军地位，并且整体竞争优势明显，但高昂的研发和维护费用，让美国航天界在"亚特兰蒂斯号"航天飞机退役后就一直处于水深火热之中。所以，美国航空航天局（NASA）要想提供运输服务，就必须高价购买俄罗斯的"联盟"号航天器。为了保证美国在太空领域的竞争力，NASA 希望通过改变传统的公私合作规则，创立鼓励私人企业参与太空项目并进行资金投入的新商业合作模式。当 NASA 将重心从探索太空转移到投资太空时，马斯克看到了太空的巨大商机，并带领 SpaceX 开始了颠覆传统太空产业的征程。

马斯克的商业模式融合了一系列的商业理念。离开 Paypal 后，马斯克参与"火星绿洲"计划，为此马斯克曾有意购买俄罗斯一枚翻新的洲际弹道导弹作为运载火箭，但该计划最终被推迟，原因是购买火箭的成本过高。2002 年，马斯克成立了 SpaceX，公司的目标是让人类迈向宇宙，让普通人能够通过轻型航天器在太空畅游。SpaceX 的突出之处在于，将复杂的物理概念与商业计划相结合，并试图通过殖民火星计划来激发人们对太空探索的重新思考，实现人类迈向星际的梦想。

成立之初，SpaceX 的核心目标是制造质量更高、价格更低的火箭推进器，并对装配过程进行优化。马斯克意识到，太空产业在很长一段时间内没有真正取得进步。尽管传统航空公司生产的产品性能卓越，但其造价昂贵且缺乏竞争力。因此，马斯克利用新技术来经营 SpaceX，充分利用迅速发展的计算机科学和材料科学开启了美国火箭回收领域的新时代。此外，SpaceX 研制的火箭针对低端卫星市场，借助迅猛发展的计算机和电子技术成为理想的载荷较小的新兴火箭。理论上，如果 SpaceX 能够大幅降低每一次发射的成本，实现常规性发射，那么 SpaceX 将会开辟出一个全新的商用市场。

马斯克不断提出新的商业概念，让太空探索与普通民众息息相关，这是一种全新的商业模式。SpaceX 在坚持低成本和高可靠性的发展理念下不断推进技术创新，最终成为商业航天领域的一个奇迹。作为美国航天领域的领先企业，SpaceX 的发展趋势在一定程度上代表并引领了未来世界航天发展的方向。SpaceX 在技术方面实现了全球首次成功回收并重新使用火箭的壳体与复杂且昂贵的发动机，同时在管理模式上也开创了一套独特的航天研发、生产和组织管理模式。SpaceX 的商业概念发展历程如表 6-1 所示。

表 6-1　SpaceX 的商业概念发展历程

商业概念	时间	介绍
火星绿洲	2001 年	计划在火星上种植地球的农作物
殖民火星计划	2002 年	计划在未来实现火星移民
火箭回收	2002 年	用计算机技术开展火箭回收的新历程
商业航天	2008 年	猎鹰 1 号进入地球轨道
星链计划	2015 年	建立覆盖全球的卫星网络

　　关于商业模式创新的一个重要问题是商业模式创新和技术创新之间的先后关系。在这方面，更多的共识是技术作为驱动因素，技术创新是促使企业家改变商业模式的前提条件。然而，马斯克思考的是如何实现 SpaceX 的商业模式，并克服阻碍因素。通过火星绿洲项目，马斯克发现成本高昂的单次火箭研发是限制航天业发展的关键问题，这主要源于缺乏颠覆性的火箭回收技术。

　　商业模式驱动的技术研发并不只是引进和整合现有成熟技术，而是强调整体上的技术创新，其根本目标是降低成本。这种从技术到工程的全链创新既保证了进度、质量和可靠性，又减少了重复工作和人力成本，从而大幅降低了总体成本。为了以低成本的方式进行太空探索，SpaceX 采用了通用化设计来制造火箭，实现了部件标准化和通用化。

　　商业模式驱动的颠覆性技术创新不仅改变了原有技术之间的连接方式，而且在现有技术的基础上进行了探索和开发。这种颠覆性创新过程中的价值创造是通过提高原有技术效率或开发新技术来实现的。SpaceX 专注于开发软件平台和第三方软件系统，拥有自主知识产权。公司研发了集成逃生系统的发射器，与其他逃生系统相比更安全、更可靠，并具备可重复使用的特点。这一系统不仅为航天员提供了高可靠的逃生功能，同时在技术上也可以反复使用。为了提高效率，SpaceX 在任务处理中实现了快速反应，通过模拟系统加强人员培训，优化人员配置。此外，SpaceX 还对遥测系统、姿态控制系统以及提高飞船安全性的导航控制系统进行了深度验证。

　　在用户价值体验方面，SpaceX 通过对火箭的重新设计为客户创造价值。马斯克认为重新设计火箭和宇航服能让客户享受太空探索的过程，增强人类冲出地球的信心。这在航空航天领域是一种颠覆性的创新，因为很多业内人士认为仅仅为了让火箭看起来漂亮而浪费资源是没有必要的。然而，SpaceX 的最终目标不仅是完成政府的运输合同，也是在火星上建立可持续发展的空间，实现人类太空旅行的商业化。SpaceX 的开放商业模式创新不仅通过降低交易成本实现价值创造，还带来了全新的用户需求体验，这种颠覆性创新过程中的价值创造主要是通过降低原有技术活动的交易成本或创造新市场来实现的。

商业模式包括资源、组织结构和价值主张等一系列内容，这些内容与价值的创造和获取直接相关，也是实现商业模式驱动的颠覆性创新的关键内容。在组织结构上，SpaceX 与传统航天公司不同的是，它采用了扁平化的管理架构。马斯克担任首席执行官，公司仅有一名总裁分管行政工作，9 名副总裁分别负责相关技术或业务领域。在员工层面，技术人员直接参与产品的设计和制造。这种开放的组织管理方式在技术和创新方面发挥了重要作用，在这种允许失败、鼓励创新的企业文化氛围下，员工的创新激情被激发，从而将大胆的梦想转化为现实。

SpaceX 通过不断努力实现商业模式创新和技术创新的结合，在航天领域实现了重要的技术突破。马斯克的超前思维以及鼓励创新和失败的企业文化是实现这一目标的重要因素。例如，SpaceX 的猎鹰一号火箭经历了几次失败的发射，但通过团队不断改进技术，最终成为全球首家私人公司研发制造并进入卫星轨道的液体燃料火箭。这表明，对 SpaceX 而言，这一不断尝试和调整方向的过程在提高火箭发射可靠性的同时，也在航天领域取得了重要的技术突破，只要创新力和行动力相匹配，就能在失败中不断学习，最终将梦想变为现实。

SpaceX 企业的案例也给我国企业的创业创新发展提供了一些启发。

第一，树立强烈的竞争意识，强化学习的动力。很多同行之所以没有坚持下来，其根本的原因就是竞争意识不够强，学习动力不足，只有在面对危机时才会保持好好学习的态度，但是这种学习的持续性往往较差，因为只是为了克服短期的困难。在企业运营状况良好的时候，人们往往满足于此，而等到真正的危机来临或企业发生各种问题的时候，他们将没有能力克服这些困难。所以保持终身学习不是一句口号，需要持之以恒地带着危机感与目的性去学习，这样企业才能在竞争中立于不败之地。

第二，制订科学的学习计划，不能心浮气躁，更不能进行没有条理的学习。软件开发是一件极具挑战性的事情，因为人们不知道自己开发的软件在市场中的实际价值会是怎样，但要记住，一旦确定软件开发方案就要一步一个脚印地去完成，不能为了加快进度而忽略自己认为不必要的环节，这是十分愚蠢的行为。人们忽略的往往就是核心所在，因为软件开发过程中用到的模块太多，需要大量的代码才能构建这些模块。所以说每一个企业的高端人才都不能对此粗心大意，只有具备扎实的理论功底才能使应用组件在配置的过程中不会出现错误。

第三，学以致用，要不断地将自己的知识与实际工作相结合。大家都知道，学习的目的不仅是要不断地掌握新知识，更重要的是将这些新知识应用到实际的项目中去，毕竟只有把学习的知识应用到生产中才能实现其实际的价值。这就需要研发人员在学习过程中对自己研发的新型平台技术进行一定程度的实践，从而构建出逻辑清晰、效率较高的整套技术，并且在这个过程中还要尽可能地挖掘组件的实用性能以及开发环境在形成的过程中的可视化表现，这样不仅可提高效率，对于开发人员本身来说也是一件十分欣慰的事情。

科技的发展在于创新，软件行业也不例外，只有保持旺盛的学习热情与正确的学习态度和科学的学习方法，才能使自己在软件开发的核心技术领域立于不败之地，甚至有机会实现弯道超车。

随着移动互联网、云计算、大数据等新一代信息技术与各行业的深度融合，近年来，广州一大批传统制造企业通过加大服务投入，延伸和提升价值链，实现了从生产型制造向服务型制造的转变，成为新兴服务业态。如"互联网＋家具定制"模式中，多家企业应用信息通信技术开展定制化服务，增强个性设计和柔性制造能力，形成对消费需求具有动态感知能力的设计、制造和服务新模式[5]。

随着人工智能技术的发展，一大批无人便利店进驻广州市场，店内没有服务员，消费者通过刷脸来开门，可以自己拿着商品到相应区域自助扫码结账，给市民带来极大的新鲜感。又如，过去，在传统的干洗行业，消费者把衣服交给洗衣店之后，洗衣店如何洗自己的衣服全靠消费者的想象。如今，广州本土企业——天天洗衣通过自主研发的可视化系统，让消费者可以直接通过手机终端追踪送洗衣物的洗涤过程。通过为送洗衣物配备的专属芯片，消费者可以通过 App 或者计算机终端观看衣服洗涤的过程，实时观察衣物的状态和动向。

再如针对市民买菜，也诞生了一系列新的服务模式，盒马鲜生、钱大妈等品牌已经形成了线上线下一体化模式，并且支持跨门店地区预约调运，这是新技术支持下的新运营模式，极大地满足了消费者的现实需求。

再到传统的金融行业，例如银行服务也有体贴的转变。过去，在银行办理一项简单的事务，从取号到办完往往需要约一个小时的时间。如今，人们通过银行的各种自助设备可自行办理存款、取款、转账、活期转定期、购买理财和基金、自助缴费、自助签约、补登存折、打印交易明细以及修改密码等业务。

交通出行方面，过去乘坐地铁只能刷卡或投币过闸，如今只用手机扫码就可以过闸，未来还将推广刷脸过闸。数字化、信息化的转变，使人们的出行体验大大提升。可以说新模式离不开新技术、新业态，三者相辅相成，共同促进了未来创业新天地的发展。

6.4 以技术为核心，创新无止境

21 世纪，计算机软件得到了前所未有的发展，影响了人们生活的方方面面，软件正在从学术领域走向现实生活。例如，大家手上拿的手机、乘坐的汽车、家里用的变频冰箱，医院做的 CT 检查等，这些都要靠大量软件的支撑才能使用。软件已成为一个产业，那么目前我国软件行业的现状和发展趋势如何呢？

1. 软件行业的现状分析

相关数据显示，2014年之前，我国软件行业总收入每年增速均在20%以上，2015—2016年开始有所下滑，下滑至13%左右，但是从2017年下半年开始整个行业的增速有所回暖，逐步提升至14%左右。2019年，我国软件行业收入和利润均保持较快增长，累计完成软件行业收入71 768亿元，同比增长15.4%；2020年1月至11月，我国软件行业完成软件业务收入73 142亿元，同比增长12.5%。软件行业总体发展将继续向好，并步入高质量发展的新航道[6]。

企业自主创新能力低，核心技术相对缺乏。目前，我国软件产业在全球软件产业链中处于中下游环节，缺乏核心技术，特别是系统、平台等基础软件的开发缺乏技术的积累，企业加大研发投入、推进技术创新的意识有待加强。同时，促进软件创新的管理机制仍不够完善，向企业研发倾斜的财政扶持体系尚未完全形成。

自2009年以来，在北京、深圳、武汉、杭州、西安、成都、苏州等创新创业氛围较为活跃的地区涌现出创新工场、车库咖啡、创客空间、天使汇、亚杰商会、联想之星、创业家等近百家新型孵化器。这些新型孵化器各具特色，产生了新模式、新机制、新服务、新文化，集聚融合各种创新创业要素，营造了良好的创新创业氛围。尽管当前我国创新创业环境日新月异，创新创业生态体系正在不断完善和优化，但是，大众创新创业也面临着一些问题。具体表现是：创业基础设施建设相对落后，场地、服务等创新创业成本较高；创业融资渠道不畅，天使投资、股权众筹的发展滞后于创新创业浪潮；政府在资金方面难以对大众创业者做到雪中送炭，初创创业大多处于市场失灵的真空地带；创新创业区域发展不平衡，全社会对大众创新创业的认识还有待提高。

2. 制约软件行业创新的因素

我国软件产业多年未能发展起来，是因为受到很多因素的制约。在新形势下，政府为了推进企业管理信息化建设，先后在政策上做出了相应的规定。软件业同样关注新形势下发展中存在的问题，针对入世，国外经济发展速度放慢，国内经济持续、稳定增长的现实情况，研究企业如何提升核心竞争力。[7]

（1）核心技术力量薄弱，技术创新能力相对较低

软件行业的一个核心制约因素是我国软件技术发展相对国外来说起步较晚，虽然起点很高，但是在技术方面受硬件和芯片的影响较大，总体上核心技术力量显得薄弱，整体技术创新能力较低，这严重制约了我国软件行业发展的空间。

（2）需要进一步完善软件人才队伍

目前，软件企业不仅需要开发人员和管理人员，还需要分析人员和编程人员。有的学者认为，印度的软件企业中开发人员、管理人员、分析人员、编程人员自上而下形成了一个合理的金字塔，而我国的这个金字塔变了形，即缺少金字塔的上下两端——管理

人员和编程人员。软件人才结构不合理，与印度相比形成鲜明的对照。人才、技术是决定企业在激烈变化的市场经济状态下，企业软件产品能否适应条件的变化、能否占领市场的主要因素。习近平总书记在中央财经委员会第二次会议上发表重要讲话，他强调，关键核心技术是国之重器，对推动我国经济高质量发展，保障国家安全都具有十分重要的意义，必须切实提高我国关键核心技术创新能力，把科技发展主动权牢牢掌握在自己手里，为我国发展提供有力科技保障。[8]

（3）资金匮乏成为软件业发展的重要障碍

软件业发展终受到资金不足的约束，虽然近几年在国家鼓励下上市融资的软件企业有不少，但是对全国而言仍是杯水车薪，更多的企业还是要依赖更多的资金渠道，急需政府和民间的产业资本和融资渠道。目前，国内北上广深几个大城市的金融资本和科技产业的结合上有较大的发展空间和较强的政策优势，比如鼓励创投、风险投资、政策优惠等，其他城市的发展长期停滞不前。主要原因是：第一，软件产业的产业结构规模化效应不足；第二，软件企业发展的市场化效应不足；第三，软件企业的社会影响力低，不能满足资本短期逐利的需求；第四，软件企业发展的不确定性，影响了风险资金的长期回报。

（4）软件企业产品和服务必须跟上时代的发展步伐

与任何企业一样，软件企业除了拥有产品外，还需要拥有强大的、全方位的服务体系，才能将软件产品和服务及其他功能组合在一起形成一个有机整体，才能保证软件企业的发展和时代同步，软件产品才具有市场竞争力和品牌影响力。

（5）政府政策支持力度有待进一步增强

2020年8月，国务院发布了《新时期促进集成电路产业和软件产业高质量发展若干政策》的通知，强调了软件产业是信息产业的核心，是引领新一轮科技革命和产业变革的关键力量。为进一步优化软件产业的发展环境，深化产业国际合作，提升产业创新能力和质量，国务院制定了若干扶持软件企业的相关政策。当前国内自主工业软件发展现状可以概括为"管理软件强，工程软件弱；低端软件多，高端软件少"。有数据显示，2018年，我国工业软件市场上真正把握生产命脉的研发设计软件和生产控制类软件自主率只占比13.5%和13.36%。对此，国家对软件产业进行了大力支持。但是，世界各国政府对软件业的支持力度都比较大，而且还有地方政府的支持，总体来说比我国对软件业的支持力度要大很多。我国是制造大国，制造业在全球占比约50%，吸纳超过1.5亿的就业人口，但工业软件发展和应用水平相对较低，因此提高政府的支持力度、提升我国的软件发展水平刻不容缓。

3. 大胆创新、理性创业中需要解决的问题及其对策

（1）资金短缺的问题

软件业发展的链条主要体现为"做企业–融资–上市回报"，上市也成为软件企业融资的最佳理由。软件企业上市能为企业的发展注入新鲜的血液，使投资者看到胜利的曙光。但是受世界经济发展放慢、国有股减持等因素的影响，各种股票价格相继下降，个股市价有的已跌破发行价，软件企业上市也受到冲击，由此使得刚刚看的曙光又暗淡下来。

综合治理，全方位向软件业注入资金，推动其向良性发展。软件业先天不足是因为规模小、软件开发周期长、投入大、市场不成熟，因此需要政府给予政策方面的支持，通过政策将民间资金、风险资金、产业投资引入软件业，通过多种优惠政策吸引各种社会资金有效地注入软件企业，如税收优惠等。同时软件企业也面临重组的问题，我国软件业为提升核心竞争力有必要进行重新整合，其目的在于将软件业的产品、服务及相关功能推上新的台阶，建立强大的核心竞争力，主要体现在管理、技术、营销、服务咨询方面的全面提升。

（2）人力资源、技术创新的问题

人力资源与技术是企业的生命线。培养企业核心竞争力是一项复杂的系统工程，因此，工作必须以对企业基本竞争优势的创建以及核心竞争力各要素的打造为切入点，企业要特别注重加强以下几个方面的工作：培养技术创新能力，提高企业核心技术能力，企业领导者首先转变对科技进步的认识，把推进企业科技进步、核心技术能力的培育当作头等大事来抓，加大科技开发资金的投入，调动工程技术人员的积极性和创造性，同时要积极引进科技人才、培养人才，为科技创新储备人才。

由于 Microsoft、Borland、Sun、Oracle、IBM 等公司越来越重视软件的简单易用，人们所用的操作系统、Office 办公软件以及各种开发工具在这些知名软件公司的不断完善下变得越来越简单。以前一个非常复杂的功能现在可能只需要几行简单的代码就能实现，人们也越来越依赖于这些软件工具，开发人员慢慢成为软件行业崛起的一大决定性因素，因此在日后的人才培养计划中需要更加理性地进行专业的选拔和训练，这才是突破壁垒的关键所在。

（3）产品、产品结构及服务的问题

目前，国内软件行业均看好企业级软件，这是软件业发展的主要方向。主要有两个方面的影响：一是因为受盗版冲击的个人软件很难争得市场，而企业级软件由于服务配套，受盗版的冲击不大，能够得到良性发展；二是只有企业级软件才具备与国际大企业的竞争能力，因为中国的软件行业更了解中国企业的需求，能够研发更适合的产品，在与国际厂商竞争时拥有以下三个方面的优势。

- 产品的本地化优势，管理软件与其他软件不同，它与所在地的管理体制、文化甚至人们的习惯都有密切的关系，这一点国内厂商比国际厂商更有优势，国外厂商针对全球化做产品，不会完全针对中国市场（甚至某地区）做产品的研发。
- 服务的本地化优势，软件业发展的几十年来，已经建立了相当大规模的服务网络。如用友公司用了十年时间把网络的服务网点从发达地区建到镇一级，国外厂商从成本效益的角度考虑很难在短时间内获得如此成果。
- 技术的后发优势，技术是决定软件企业成功与否的关键因素，后来企业只有另辟蹊径才能在技术上占据优势，通过竞争达到技术垄断才能够得到市场的青睐。国内软件企业技术上的后发优势体现在管理软件方面，现在全球一体化，尤其网络技术的迅猛发展，使信息技术的应用没有了地域上的差异。以前，一项新的技术首先出现在发达国家，然后到达发展中国家，最后到达不发达国家，现在不会出现这种情况了。除此之外，国内软件企业针对中国市场、客户，产品和服务的价格跟国际厂商比较也具有竞争力，成本比国外企业低得多，价格上有竞争优势。

（4）政府加大扶持是软件企业在充满机遇与挑战的市场中胜出的关键要素

政府为解决融资困难而出台的文件，只能为解决融资问题提供一条渠道，只能为极少数企业解决资金问题，并不能从根本上解决软件产业的资金短缺问题。除此之外，政府还应在企业税收方面给予关照。通过制定中小企业法或高新企业法全方位对软件企业给予必要的支持。

（5）软硬结合更加紧密

在嵌入式系统、无线通信设备、家用电器中，软件与硬件的结合将更加紧密。可以想象，未来家里的冰箱、洗衣机、电饭锅、微波炉等将越来越自动化，人们将可以在任何时间、任何地点通过任何设备来获取这些电器的状态并操作这些电器，这些都是软硬件紧密结合的结果。硬件依靠软件，可使硬件的作用得到充分发挥并使硬件更容易使用和控制；软件依靠硬件，才有了发挥作用的空间和载体，才能体现软件自身的价值。2006年，Windows Vista 操作系统的上市就是一个最好的例子，Vista 对硬件配置的最低要求（内存最少为512MB）无疑让 Intel、Samsung、LG 等 CPU 和内存生产商笑逐颜开，而离开了硬件厂商在技术和生产上的支持，Vista 也根本无法上市。

（6）形成具有特色的创新体系

软件行业创新的一大壁垒就在于没有专业的创新体系，这也是近些年来其发展受到阻碍的一大原因，形成技术创新体系，包括：学研机构牵头，与企业密切合作，形成不同层次的软件技术联盟，解决基础性、共性、关键性软件技术，大企业牵头，中小企业和相关学研机构参与，创立企业研究院，研究工程化、市场化、应用技术。

（7）软件产业向其他产业加速渗透

目前，智能化已成为电子信息产品、机电产品及自动检测设备的主要发展方向。软件作为这一技术和过程的核心，能促进传统产品的升级换代，孕育出新产品。软件的产品形态日趋多样化，从而使软件产业的发展空间大大扩展。

总之，我国软件企业的发展遇到了前所未有的机遇与挑战。大家必须清醒地认识到软件行业目前的水平以及所处的环境，然后找到其在全球IT产业链中的位置，制定长远并且务实的国际化目标，尽快提高我国软件业在国际市场上的竞争力。

要形成鼓励创新、宽容失败的良好环境，推进大众创业、万众创新，还要通过加强全社会以创新为核心的创业教育，弘扬"敢为人先、追求创新、百折不挠"的创业精神，厚植创新文化，不断增强创业创新意识，使创新创业成为全社会共同的价值追求和行为习惯。

培育创新创业的文化土壤，要营造公平、简政、诚信的环境。用公平遏制、减少创业者谋取各种不正当收益的机会，实现创业者机会均等；政府部门切实转变职能，简政放权，改掉阻挠创业的体制和弊端；建立信息公开机制，加快完善信用立法和执法，促进信用中介服务行业的市场化发展，通过宣传教育，宣传讲诚信的典型，曝光不讲诚信的"黑名单"，进一步强化市场主体的现代诚信观念。创业创新文化的建设并非一朝一夕之事，也不是几个文件、几次会议就能建立起来的，应当创新体制机制，使创新创业文化建设制度化、规范化，在全社会形成尊重创造、注重开放、敢冒风险、宽容失败的创业氛围，让一切创新创业成果得到应有的保护和回报，让所有创新创业活动享有公平竞争的环境，让勇于创新创业成为一种品格、一种风尚。[9]

参考文献

[1] 时炼波，张俐华. 论精准营销的内涵与实施策略 [J]. 企业经济，2009.
[2] 中华人民共和国商务部. 阿里巴巴：打造电子商务服务生态体系 [A/OL]. http://dzsws.mofcom.gov.cn/anli/detal_21.html.
[3] 刘艺，邓青，彭雨苏. 大数据时代数据主权与隐私保护面临的安全挑战 [J]. 管理现代化，2019，39（1）：110-113.
[4] 广东省人民政府. 广东省人民政府关于印发《广东省国民经济和社会发展第十四个五年规划和2035年远景目标纲要》的通知：粤府 [2021]28号 [A/OL]. http://www.gd.gov.cn/zwgk/wjk/qbwj/yf/content/post_3268751.html.
[5] 李焕坤，甘韵仪，刘云. 现代服务业带动老城出新彩，渐成广州经济新引擎 [EB/OL].（2019-01-16）[2024-03-12]. https://www.jiemian.com/article/2798752.html.
[6] 华经市场研究中心. 聚焦丨2020年1—11月，我国软件业完成软件业务收入73142亿元，同比增长12.5%[EB/OL].（2021-05-12）[2024-03-12]. https://www.sohu.com/a/465909826_372052.
[7] 李长青. 我国软件产业发展瓶颈及战略突破 [J]. 商业时代，2004(12)：63-64.
[8] 新华社. 习近平：提高关键核心技术创新能力 为我国发展提供有力科技保障 [EB/OL].（2018-07-13）[2024-03-12]. https://www.rmzxb.com.cn/c/2018-07-13/2111700.shtml.
[9] 中国日报中文网. 培育创业创新的文化土壤 [EB/OL].[2015-08-14]. http://covid-19.chinadaily.com.cn/hqpl/zggc/2015-08-14/content_14105485.html.

习题

1. 简要列出大数据背景下电商企业的创新创业具有的新特点及亟待解决的问题。
2. 软件行业对于客户关系管理主要包含哪些方面的内容？

3. 制约软件行业创新的因素有哪些？
4. 简述大胆创新、理性创业中需要解决的问题及其对策。

思考题

1. 在阅读本书前，你对创新创业的认识是怎样的？是否想过创业？
2. 阅读本书后，你对创新创业的认识是否有变化？是否仍然希望创业？